Rigoberta Menchú/CUC
Klage der Erde

Bereits erschienen:

Elisabeth Burgos:
Rigoberta Menchú – Leben in Guatemala
Deutsche Erstausgabe. Lamuv Taschenbuch 33

Felipe starb auf der Finca, »als sie vom Flugzeug aus die Kaffee-plantage besprühten, während die Leute noch bei der Arbeit waren. Er hat das Pflanzenschutzmittel nicht vertragen«. Nicolás starb zweijährig an Unterernährung, ebenfalls auf der Finca. Irgend jemand schenkte Nicolás' Mutter einen Pappkoffer, in dem sie das Kind begrub. Dadurch verlor sie einen Tag bei der Arbeit. Da warf sie der Aufseher raus.

Soldaten verschleppten den 16jährigen Bruder. Sie rissen ihm die Fingernägel aus, zogen ihm die Kopfhaut ab, banden ihm die Hoden fest und zwangen ihn, zu laufen. Dann wurde er mit Benzin übergossen und lebendig verbrannt. »Der Haupt-mann sagte: ›Ihr Indios laßt euch von den Kommunisten beein-flussen. Das ist nun mal so bei den Indios.‹ Dann starben Rigo-bertas Vater und Mutter. Der Vater hatte mit einigen anderen Campesinos die spanische Botschaft besetzt, um »die ganze Welt davon in Kenntnis zu setzen, was in Guatemala vor sich ging«. Das Militär stärmte die Botschaft ... Die Mutter wurde Wochen später verhaftet und tagelang vergewaltigt und gefol-tert. Dann band man sie an einen Baum; sie starb fünf Tage lang.

»Rigoberta Menchús Erzählungen ... sind eine Anklage, die fatal an Bartolomé de las Casas' berühmten ›Bericht von der Verwüstung der Westindischen Länder durch Kaiser Karl V. erinnert.« (Der Spiegel)

»Lesenswert vor allem, weil da jemand, als Indianerin, als Frau, als Arme dreifach verdammt, den Mut hatte und die Kraft, nachzudenken, Widerstand zu leisten, durchzuhalten, Ich zu sagen: ›Und so erwachte in mir das Bewußtsein.‹« (Erich Hackl in: Die Zeit)

Rigoberta Menchú
Comité de Unidad Campesina

Klage der Erde

Der Kampf der Campesinos in Guatemala

Aus dem Spanischen
von
Gabriele Schwab

Lamuv Taschenbuch 136

Bitte fordern Sie unser kostenloses Gesamtverzeichnis an:
Lamuv Verlag, Postfach 26 05, D-37016 Göttingen

Gedruckt auf 100 RC Book Paper
100 % Altpapier
der Firma Steinbeis Temming Papier GmbH, Glückstadt

Deutsche Erstausgabe
1. Auflage Juni 1993
3. Auflage Januar 1994

Lektorat: Susanne Wallbaum
Umschlaggestaltung: Gerhard Steidl
unter Verwendung eines Fotos von Jacques Robert
Gesamtherstellung: Steidl, Göttingen
Printed in Germany
ISBN 3-88977-339-7

Inhaltsverzeichnis

Rigoberta Menchú   Foto: Jacques Robert

Patria Abnegada

Crucé la frontera amor,
no sé cuándo volveré.
Tal vez cuando sea verano,
cuando abuelita luna y padre sol
se saluden otra vez,
en una madrugada esclareciente,
festejados por todas las estrellas.
Anunciarán las primeras lluvias,
retoñarán los ayotes que sembró Víctor
en esa tarde que fue fusilado por militares,
florecerán los duraznales
y florecerán nuestros campos.
Sembraremos mucho maíz.
Maíz para todos los hijos de nuestra tierra.
Regresarán los enjambres de abejas que huyeron
por tantas masacres y tanto terror.
Saldrán de nuevo de las manos callosas tinajas
y más tinajas para cosechar la miel.

Crucé la frontera empapada de tristeza.
Siento inmenso dolor de esa madrugada
lluviosa y oscura,
que va más allá de mi existencia.
Lloran los mapaches, lloran los saraguates,
los coyotes y sensontles totalmente silenciosos,
los caracoles y los jutes desean hablar.
La tierra madre está de luto, empañada de sangre.
Llora día y noche de tanta tristeza.
Le faltarán los arrullos de los azadones,
los arrullos de los machetes,
los arrullos de las piedras de moler.
En cada amanecer estará ansiosa de escuchar
risas y cantos de sus gloriosos hijos.

Selbstlose Heimat

Ich habe die Grenze überschritten, meine Liebe,
weiß nicht, wann ich zurückkehren werde.
Vielleicht, wenn es Sommer wird,
wenn Großmütterchen Mond und Vater Sonne
einander wieder grüßen,
in einer strahlenden Morgendämmerung,
gefeiert von allen Sternen.
Wenn sich die ersten Regen ankündigen,
von neuem die Kürbisse sprießen, die Víctor säte,
an jenem Nachmittag, als die Militärs kamen und ihn
                                    hinrichteten.
Die Pfirsichbäume werden blühen
und unsere Felder.
Wir werden Mais säen.
Mais, für alle Kinder unserer Erde.
Zurückkehren werden die Bienenschwärme, die flohen,
vor so vielen Massakern, vor so viel Terror.
Aus schwieligen Händen werden wieder Tonkrüge entstehen,
immer mehr Tonkrüge, um den Honig zu sammeln.

Ich habe die Grenze überschritten, voll Traurigkeit.
Diese Morgendämmerung, regnerisch und dunkel,
bereitet mir einen unsäglichen Schmerz,
einen Schmerz, der weit über mein Dasein hinausgeht.
Es weinen die Mapaches, es weinen die Saraguates,
die Koyoten und die Sensontles sind verstummt,
und die Schnecken und Jutes würden gern sprechen.
Mutter Erde trauert, in Blut getaucht.
Sie weint Tag und Nacht, so groß ist ihre Trauer.
Das Gurren der Hacken wird ihr fehlen,
das Gurren der Macheten,
das Gurren der Mahlsteine.
Mit jeder neuen Morgendämmerung wird sie sich
nach dem Lachen und Singen ihrer glorreichen Kinder sehnen.

Crucé la frontera cargada de dignidad.
Llevo el costal lleno de tantas cosas
de esa tierra lluviosa.
Llevo los recuerdos milenarios de Patrocinio,
los caites que nacieron conmigo,
el olor de la primavera,
olor de los musgos, las caricias de la milpa
y los gloriosos callos de la infancia.
Llevo el güilpil colorial
para la fiesta cuando regrese.
Llevo los huesos y el resto de maíz. ¡Pues si!
Este costal volverá a donde salió,
pase lo que pase.

Crucé la frontera amor.
Volveré mañana, cuando mamá torturada
teja otro güilpil multicolor,
cuando papá quemado vivo madrugue otra vez,
para saludar el sol desde las cuatro esquinas
de nuestro ranchito.
Entonces habrá cuxa para todos, habrá Pom,
la risa de los patojos, habrán marimbas alegres.
Harán lumbres en cada ranchito, en cada río
para lavar el Nixtamal en la madrugada.
Se encenderán los ocotes, alumbrarán las veredas,
las rocas, los barrancos y los campos.

Rigoberta Menchú

Ich habe die Grenze überschritten, mit Würde beladen.
Ich nahm den Mehlsack mit, gefüllt mit so vielen Dingen
dieser regenreichen Erde.
Ich nahm die jahrtausendealten Erinnerungen Patrocinios mit,
die Caites*, die mit mir geboren wurden,
den Geruch des Frühlings,
den Geruch der Moose, die Liebkosung des Maisfeldes
und die rühmlichen Schwielen der Kindheit.
Ich nahm den bunten Güilpil mit,
für das Fest meiner Rückkehr.
Ich nahm die Knochen und den Rest Mais mit. Aber gewiß!
Dieser Sack wird dorthin zurückkehren, woher er kam,
was immer auch passieren mag.

Ich habe die Grenze überschritten, meine Liebe.
Morgen werde ich zurückkommen, wenn die gefolterte Mutter
einen neuen bunten Güilpil webt,
wenn der bei lebendigem Leibe verbrannte Vater wieder in
                                     aller Frühe aufsteht,
um von den vier Ecken unserer kleinen Ranch aus
die Sonne zu begrüßen.
Dann gibt es Cuxa für alle, und es gibt Pom,
das Lachen der Kinder, fröhliche Marimbas.
Auf jeder unserer kleinen Ranches, an jedem Fluß
wird es ein Feuer geben.
In der Morgendämmerung wird der Nixtamal gewaschen.
Die Ocotes werden entzündet und erhellen die Pfade,
die Felsen, die Schluchten und die Felder.

Rigoberta Menchú

---

* Caites – Sandalen (Mittelamerika)

Mi Tierra

Madre tierra, madre patria,
aquí reposan los huesos y
memorias de mis antepasados
en tus espaldas se enterraron
los abuelos, los nietos y los hijos.

Aquí se amontonaron huesos tras huesos
de los tuyos, los huesos de las
lindas patojos de esta tierra,
abonaron el maíz, las yucas,
las malagas, los chilacayotes,
los ayotes, los güicoyes y los güisquiles.

Aquí se formaron mis huesos.
Aquí me enterraron el ombligo
y por eso me quedé aquí
años tras años
generaciones tras generaciones.

Tierra mía, tierra de mis abuelos
tus manojos de lluvias,
tus ríos transparentes
tu aire libre y cariñoso,
tus verdes montañas y
el calor ardiente de tu Sol.
Hicieron crecer y multiplicar
el sagrado maíz y formó los
huesos de esta nieta.

Tierra mía, madre de mis abuelos,
quisiera acariciar tu belleza
contemplar tu serenidad y
acompañar tu silencio,

Meine Erde

Mutter Erde, Mutter Heimat,
hier ruhen die Gebeine und
das Vermächtnis meiner Vorfahren,
in dir begrub man
die Großväter, die Enkel und ihre Söhne.

Hier häuften sich Knochen auf Knochen,
die Knochen der Deinigen, die Knochen der
lieblichen Kinder dieser Erde, die
den Mais düngten, die Jukkas,
die Malangas, die Chilicayotes,
die Kürbisse, die Güicoyes, die Güisquiles.

Hier formten sich meine Knochen.
Hier wurzelt meine Nabelschnur,
und deshalb blieb ich hier,
Jahr um Jahr,
Generation um Generation.

Mein Land, Land meiner Großväter,
dein reicher Regen,
deine klaren Flüsse,
dein freier und zärtlicher Wind,
deine grünen Berge und
die glühende Hitze deiner Sonne
ließ den heiligen Mais wachsen,
sich vermehren und die Knochen
dieser Enkelin formen.

Meine Erde, Mutter meiner Großväter,
ich möchte deine Schönheit liebkosen,
deine gelassene Heiterkeit betrachten und
mit dir schweigen,

quisiera calmar tu dolor
llorar tu lágrima al ver
tus hijos dispersos por el mundo
regateando posada en tierras
lejanas sin alegría, sin paz,
sin madre, sin nada.

Rigoberta Menchú
enero 1990

ich möchte deinen Schmerz lindern,
deine Tränen weinen, wenn du siehst,
daß deine Kinder über die Welt verstreut sind,
daß sie verzweifelt Zuflucht suchen in fernen Ländern,
ohne Freude, ohne Frieden,
ohne Mutter Erde, verlassen.

Rigoberta Menchú
Januar 1990

Rigoberta Menchú und Bernardo Atxaga

Verwobene Stimmen

Rigoberta Menchú und Bernardo Atxaga Seite an Seite. Neugier, Ungestüm, Fragen, Leidenschaft, Lachen, schmerzende Stiche, stillschweigendes Einverständnis, Sehnsüchte, Anklagen, Überzeugungen, Energien, die zusammenfließen, Liebe, Hände, die einander berühren, Lernen und Lehren, Schweigen, Worte, Müdigkeit, strahlende Blicke, scharfe Profile, Schritte im Verborgenen, Schritte durch Paläste, Begeisterung. Anläßlich der letzten Veranstaltung während Rigoberta Menchús Rundreise durch Euskadi unterhalten sich Atxaga und Menchú über einige Episoden aus dem Leben der politischen Führerin aus Guatemala. Alles begann mit einer Reihe öffentlicher Auftritte am Morgen und endet bei einem intimen Treffen mit dem bekannten Schriftsteller. Gut ist, was so gut endet.

Dort sitzen sie, auf dem Hotelsofa, nahe der großen Fensterfront hin zur Bucht, wo die Möwen in ihrem Flug unruhige Kreise beschreiben. Mal sehen, wie man auf Quiché Mais, Haus, Vater und Mutter sagt, lautet die erste Frage von Atxaga. Das ist sehr einfach, man sagt ixim. Mit X? Ixim, und man schreibt es auch so. Sie nimmt seine Hand, die einen Bleistift hält, und führt sie über das Papier, bis sie das Wort ixim geschrieben hat. Atxaga macht eine Anmerkung über das X im Euskera, und sie sagt schnell das Wort ja, Haus heißt ja wiederholt sie; und dann sagt sie tat. Heißt das Vater? Sag es noch mal, bitte. Tat. So? fragt Atxaga, während er das Wort niederschreibt. Rigoberta nickt und sagt schließlich nan, mit zwei N; nan heißt Mutter, und Rigoberta beobachtet, wie der Schriftsteller auch dieses Wort schreibt.

Ich glaube, wenn man einen Menschen kennenlernen will, ist es kein schlechter Anfang, über die Familie dieses Menschen zu sprechen, das Leben zu Hause. Als du Kind warst, ich weiß nicht, erzähl etwas, das mit deinem Zuhause, deiner Mutter zu tun hat; wie war deine Familie?

Es ist sehr schwierig, das so kurz zu erzählen, vor allem, weil ich in einer sehr komplexen Familie zur Welt kam, ja sogar ethnisch komplex. Mein Großvater kam aus einem Dorf, das Santa María Chiquimula heißt, und von dort kommen, sagen wir es mal so, die Zigeuner Guatemalas. Jene Indios, die dafür bekannt sind, auf den Märkten Handel zu treiben und an immer neue Orte zu gehen, als Fremde. Die Chiquimulas tragen einen rot-schwarzen Huipil, mit roten und schwarzen Streifen als Verzierung. Daran erkennt man sie.

Aha, dein Großvater war also Nomade, ging von einem Ort zum anderen, von Markt zu Markt, gut, das also war dein Großvater.

Ja.

Sind deine Großeltern Quichés, sprechen sie Quiché?

Ja, aber meine Großmutter war eine Quiché aus Nemoa, sie war eine Cotoja. Die Cotojas waren die, die bei Trockenheit bis zum Brunnengrund nach Wasser schürften.

Sie arbeiteten also im Wasser, im Fluß?

Nein, ihr Nachname war Cotoja. Die Eltern meiner Großmutter wollten der Heirat mit meinem Großvater nicht zustimmen; das war Diskriminierung: Beide waren Quichés, aber die einen stammten von Nomaden ab und die anderen aus einer angesehenen Familie. Und als sie heirateten, wurden meine Großeltern Nomaden. Mein

Großvater hatte eine starke Sensibilität für die Natur, eine Sensibilität auch für viele andere Dinge, für die vielen Mythen – und meine Mutter war genauso.

Und du bist auch so geworden, du hast ja Gedichte geschrieben.

Meine Mutter sagt, daß ihr viele Sachen passiert sind, es gibt viele Legenden aus dem Leben meiner Mutter, Mutter war wie ein Mysterium. Von ihrem sechzehnten Jahr an war sie Geburtshelferin, Hebamme.

Ohne es gelernt zu haben?

Nein, sie sagte, daß es eine Kunst ist, daß...

Daß sie damit auf die Welt kam.

Viele Frauen sind Hebammen... also entschied sich meine Mutter, Hebamme und Geburtshelferin zu werden, mit 16 Jahren, und sie blieb es, bis sie ermordet wurde. Da war sie 53. Mutter sah eine Unmenge von Kindern auf die Welt kommen, und die nannten sie Großmütterchen. Meine Mutter betete; dann zündete sie immer ihre Kerze an, und das seltsamste ist, sie hatte sowohl eine Heiligenfigur, einen Erzengel San Miguel, als auch ein... wie sagt man... ein Kreuz aus Erde, ja, einen Altar mit einem Kreuz aus Erde, und das stand immer dort.

Aus Erde, wie macht man denn ein Kreuz aus Erde?

Aus Lehm.

Ah, ich verstehe.

Aus Lehm, und daneben stand der Erzengel San Miguel; aber das Wichtigste auf dem Altar war die Heilige Familie, ganz aus Lehm. Und ich habe nie verstanden, warum Mutter immer dieses Kreuz da stehen hatte, bis ich anfing, etwas von den Mayapriestern zu lernen, daß nämlich dieses Kreuz in Wirklichkeit das Mayakreuz ist; wenn du seine Enden entsprechend ausrichtest, kannst du das Mayakreuz lesen. Als Kinder haben wir dieses Kreuz nie verstanden, es war einfach das Lehmkreuz unserer Mutter.

Und hat deine Mutter San Miguel und die Heilige Familie in den Farben eures Volkes gekleidet? Soweit ich weiß, macht man das in Guatemala so.

Ja, San Miguel trug immer seine Kleidung, nicht am Stück gewebt, das nicht. Sie wurde gemacht wie die Fahne der Taguantisuyu: aus verschiedenfarbigen Stoffstücken zusammengesetzt...

Entschuldigung, die Taguantisuyu?

Ja, die Taguantisuyu.

Was ist das? Ist das ein anderes Indiovolk aus Guatemala?

Nein, nein, das sind Peruaner, und die Fahne der Taguantisuyu ist die Fahne der Indios in Südamerika. Die Indios Südamerikas sind die einzigen, die eine Fahne haben, eine eigene Fahne; und sie hissen ihre Fahne, eine bunte Fahne in den Farben des Regenbogens. Mein Vater war eine andere Welt, mein Vater war ark amale.

Atxaga betrachtet Rigoberta aufmerksam, als sie erneut die Worte ark amale ausspricht, und ruft: Das ist schwieriger als Euskera! Sie lacht und sagt ark amale auf eine Art und Weise, die Atxaga unmöglich wiederholen kann; und doch versucht er es ein ums andere Mal, bevor er hinzufügt: Man muß einfach hören, wie du dieses K aussprichst, ich kann das so nicht, wie schön ist dieser Klang, so... Nachher werde ich weiter üben. Aber was war dein Vater, was bedeuten diese Worte?

Ark amale bedeutet: der, der eine Bresche schlägt; der, der zuerst da hindurchgeht; der, der das Dickicht lichtet; der, der an der Spitze geht; es gibt verschiedene Bedeutungen. So nennt man einen Führer, aber nicht einen, der erst dazu geworden ist, sondern einen natürlichen. Deshalb hat mein geliebter Vater so viele Jahre um das Land der Gemeinschaft gekämpft; er kam und ging und löste die Probleme der Leute. Der ark amale wird nicht unbedingt von der Gemeinschaft entlohnt, als Gegenleistung für seine Bemühungen gibt die Gemeinschaft vielleicht ihm und seiner Familie einen Tag gemeinsamer Arbeit.

Für das, was er für die Gemeinschaft getan hat. Dein Vater leistete einen sozialen Dienst, und die Gemeinschaft entlohnte ihn dann auf diese Weise.

Er war ein wirklicher Führer, und so legte die Gemeinschaft, wenn er in die Hauptstadt gehen mußte, für seine Reise zusammen. Wenn er dann zurückkam, mußte er alle versammeln und ihnen erzählen, ob alles erledigt war, ob sie ihn angehört hatten.

War dein Vater von jungen Jahren an so; lag das soziale Bewußtsein in seinem Wesen, in seinem Charakter?

Ja, genau. Er war von klein auf so. Was dazu kommt, Vater war auch ... Das ist eine sehr traurige Geschichte: Mein Vater wurde an einem zeremoniell sehr bedeutsamen Ort Guatemalas geboren, im Quiché, in Santa Rosa Chuajuyub, wo, wie man sagt, die Heiligen der Mayas sich als Katholiken verkleiden. Der Ort heißt Santa Rosa, und die Indios nennen ihn Chuajuyub. Chuaju bedeutet über den Hügeln, die Orte also, an denen man Bittgebete an die Götter richtet. Also, Vater wurde in Santa Rosa Chuajuyub geboren. Mit sieben Jahren, glaube ich, wurde er zur Waise. Mein Großmütterchen hatte drei Söhne, und ihr Mann starb eines Tages, als er gerade von der Arbeit auf den Fincas zurückgekehrt war; die Mutter blieb mit den drei Kindern zurück und fand keinen Broterwerb. Sie verkaufte das Stück Land, das sie besaß, und so wurden sie zu Nomaden. Später arbeitete meine Großmutter im Hause von Ladinos und Mestizen. Die behandelten sie schlecht, und da sie nicht alle Söhne ernähren konnte, mußte sie meinen Vater mehr oder weniger verpfänden; sie mußte einen ihrer Söhne verschenken, und das war Vater. Vater mußte von jenem Moment an in einem anderen Haus arbeiten, ohne Bezahlung, einfach so, als ob er der Hofhund wäre. So ungefähr.

Ein Hausgehilfe ohne Lohn.

Noch nicht einmal Hausgehilfe war er. Mit 16 Jahren begann er auf die Fincas zu gehen, und er hatte die Absicht, mein Großmütterchen und seine Brüderchen zu sich zu holen; aber dann wurde er zum Militärdienst verschleppt, zwangsweise. Er war beim Militärdienst, und als er wiederkam, ging es mit meiner Großmutter schon zu Ende. Sie starb, und es blieben die drei Brüder. Er war der älteste. Damals fing mein Vater an, jede Arbeit zu machen, die sich bot, er war Soldat, Küster, einfach alles. Und dann begannen sie in Chimel nach Land zu suchen, das inmitten der Berge lag. Es heißt Chimel, weil es chemlic ist.

Und was heißt das?

Chemlic heißt... es ist keine Ebene, sondern...

Wie ein Tal, ein verborgenes Tal.

Ja, wie eine Einbuchtung oder so was, ein Ort tief in den Bergen. Er sagte, nachdem sie auf dieses Land gekommen waren, hätten sie ungefähr neun Jahre lang ohne Probleme gelebt – bis zu dem Moment, als das Land urbar und bearbeitet war. Da fing es an, zum Problem zu werden, denn einige betrügerische Grundbesitzer, die sahen, daß das Land etwas hergab, fingen an, den Campesinos das Land mit Gewalt wegzunehmen. Mein Vater nahm den Kampf um das Land auf; er ging in die Hauptstadt und sonstwohin, und er bezahlte Anwälte. Die Leute gaben einen Teil ihrer Ernte, um unzählige Schmarotzer zu bezahlen, die angeblich ein Schreiben an die Institutionen richteten. Vater war zweimal im Gefängnis. Wir sahen ihn so gut wie nie, deshalb waren meine Schwägerin Juana und mein Bruder Nicolás wie unsere Eltern, genauer gesagt: die Eltern, die uns aufzogen. Denn Mutter kam, was weiß ich, um ein Uhr morgens; manchmal kamen sie mit Pferden, manchmal zu Fuß, um sie irgendwohin zu einer Geburt zu holen. Und Vater ging eben auch oft weg.

Hast du deine ganze Kindheit dort in Chimel verbracht?
Meine ganze Kindheit, ja.

*Und wenn du zurückblickst, dich an das Haus erinnerst,
an deine Kindheit, die Plätze, an denen du aufgewachsen
bist, die Geräusche dort, die Landschaft von Chimel – was
ruft das alles in dir wach, würdest du wirklich gern nach
Hause zurückkehren? Weil das wie eine Rückkehr zur Familie wäre... Man kann diese Sehnsucht in dem Gedicht
hören, das du rezitiert hast; es hat mir sehr gefallen, wie du
von den Tieren sprichst, von der Mapache...*
Den Zaraguates.

Den Zaraguates, ja.

Weißt du, was ein Zaraguate ist? Es ist ein Affe, der
brüllt, der einzige kleine Affe, der brüllt, wenn es regnet,
der den Regen ankündigt. Dort, bei uns, ist es so: Wenn
dieser Affe beginnt zu weinen, wenn er brüllt wie ein
Löwe, so daß man es weit, sehr weit hört, wenn der Zaraguate brüllt, dann fängt der Regen an; oder es kommt,
wenn es eine für den Regen ungewöhnliche Jahreszeit ist,
ein großes Unwetter oder ein heftiger Sturm, der alles zerstören kann, oder so etwas.

Wie nett, der Zaraguate.

Und die Mapache ist eine Bergkatze.

Klar, sie hat ein Gesicht mit Streifen oder so.

Ja, ja, ungefähr so, als sei sie verkleidet. Diese Mapache ist ein Problem, sie bereitet dir Kopfschmerzen,
wenn die Saatzeit beginnt. Sie kommt und gräbt, gräbt
die Samen aus. Also müssen wir um die Saatplätze
herum Fallen bauen, um die Mapache abzuschrecken –
denn sie kommt des Nachts, gräbt die Samen aus und
frißt sie.

Und der Quetzal?

Der Quetzal war das Herz des Tecún Umán. Tecún, das
heißt: von seinen Großeltern beflügelt, geschaffen und
beflügelt von seinen Großeltern. Er war der Anführer,
der große militärische Held, als die Spanier kamen. Und

als er starb, kam aus ihm angeblich ein Quetzal hervor, als Zeichen der Freiheit. Der Quetzal ist ein edles Tier.

Wie ist er?

Ein wunderschöner Vogel.

Ich wußte nicht, daß es ein Vogel ist.

Er hat viele Farben und einen sehr bunten, langen Schwanz, und er ist im Aussterben begriffen. Aber das Charakteristische am Quetzal ist, mehr noch als seine Schönheit, die Eleganz seiner Bewegungen. Er hat übrigens eine rote Brust. Und es ist noch mehr als seine Eleganz: Der Quetzal ist das einzige Tier, das keine Gefangenschaft aushält. Wenn man ihn in einen Käfig sperrt, stirbt der Quetzal. Er hält die Gefangenschaft nicht aus.

Atxaga vertieft sich immer mehr in die Unterhaltung. In seinem Gesichtsausdruck und in seinen Bemerkungen spiegelt sich wieder, daß er dabei ist zu lernen. Er sieht Rigoberta an und fragt: Sag mal, ist es dir recht, wenn wir über diese Sachen sprechen? Und sie, daran gewöhnt, daß man ihr eher Fragen aus dem politischen Bereich stellt, zeigt, daß sie glücklich ist.

Die Frage, die du mir vorhin gestellt hast, ob ich irgendwann gern nach Chimel zurückkehren möchte... Also, so sehr wir dieses Land auch lieben, so sehr wir es endlich den Händen der Diebe entreißen müssen – wenn ich so richtig darüber nachdenke, so, wie ich lebe, Reisen, Interviews, immer schnell von hier nach dort, neue Erfahrungen, neue Erkenntnisse, wäre es sehr idealistisch zu denken, daß ich wieder eine aus Chimel sein könnte.

Trotzdem lebt das Vergangene in dir weiter, ich meine, du schaust vorwärts, aber die Vergangenheit hat ein großes Gewicht, zum Beispiel in deinem Gedicht »Patria Abnegada«.

Eigentlich träume ich nie von einer Stadt, nicht einmal von Mexiko, wo ich jetzt seit elf Jahren lebe. Ich träume, daß ich plötzlich auf dem Land bin, ich gehe immer ähnliche oder gleiche Pfade, und nie träume ich von Mexiko. Jedesmal, wenn ich träume, träume ich von dem Weg, der aus dem Dorf führt, ich sehe fast alle Einzelheiten des Weges bis hin zum Haus. Manchmal bin ich im Traum auch in einem Ort auf den Hügeln, dort esse ich; oder ich gehe in Richtung des Hauses; oder ich bin am Haus eines Nachbarn vorbeigegangen, auf dem Weg nach Uspantán.

Uspantán?

Das liegt neun Stunden Fußweg von zu Hause entfernt.

Nun, das geht uns auch so, mir geht das auch so, ich komme aus einem kleinen Dorf. Ich habe in Barcelona gelebt, in großen Städten, und in fast jedem meiner Träume tauchen Personen aus meinem Dorf auf; einige habe ich seit 30 Jahren nicht mehr gesehen, und viele sind schon gestorben, aber sie tauchen auf. Ich meine, es ist wohl so, daß der erste Abschnitt unseres Lebens einen starken Eindruck bei uns hinterläßt. Eine Sache, die ich dich fragen wollte, ist die: Du bist eine Person, die sehr viel weiß über den Tod, den Schmerz, die Zerstörung . . . Viele Leute fragen sich einfach, wie du dennoch so fröhlich sein kannst. Manchmal ist es doch so, daß man, wenn man zu viel weiß, nicht mehr glücklich sein kann.

Also, ich glaube, man kann doch glücklich sein, es scheint zumindest so.

Das ist gut zu wissen, das klingt sehr gut.

Die Geschichte von Guatemala, die Tragödien, der Krieg, all das erzeugt in uns vor allem ein Bewußtsein für die Ungerechtigkeiten. Man findet immer eine Erklärung für das, was vor sich geht; man erkennt die tieferen Wurzeln der ganzen Tragödie, die unsere Menschen erlebt haben, der Tode, der Repressionen auf den Fincas. Der Schmerz und der Tod sind etwas Normales für uns. Dem Paten meiner Eltern, Don Marcial hieß er, starben sechs oder sieben Söhne; es blieben zwei Töchter. Kurz darauf starben Vater und Mutter der Mädchen, wer weiß, vielleicht war es eine Epidemie, vielleicht eine Vergiftung oder einfach Unterernährung. Sie kamen zu uns, die Kleine und Rufina, um mit uns zu leben. Die Kleine starb aus Traurigkeit, ich erinnere mich sehr gut an diese Kleine.

Wie stirbt man aus Traurigkeit?

Dort sterben selbst die Hunde aus Traurigkeit. Die Kleine ging in den Hof und weinte herzzerreißend, daran erinnere ich mich noch ganz genau; sie weinte, wie es die Erwachsenen tun, wenn sie Totenwache halten. Dann starb sie, sie aß nicht, sie starb. Aber Rufina blieb; man sagte mir vor ungefähr drei Jahren, daß sie noch am Leben sei, jemand hatte sie gesehen, aber nicht mehr. All das sind Tragödien im Leben der Menschen; was sie aber andererseits fröhlich macht, ist das Werk, das sie vollbringen; die Huipiles zum Beispiel, alle Huipiles sind von einer Schönheit, einer Ausdruckskraft ... Don Luis Cardoza, der guatemaltekische Schriftsteller, nannte das die Tränen eines weinenden Volkes; das heißt, dies sind Auswege, Ventile, durch die ein ganzes zum Schweigen gebrachtes Volk seine Freude an der Natur, am Leben, zum Ausdruck bringt. Ein Volk, das durch seine Arbeit spricht. Wer weiß, unsere Huipiles müßten sehr trist und armselig aussehen, wenn die Leute darin nur ihren Schmerz ausdrückten. Und es ist nicht ihr Schmerz, es ist vielmehr eine Mischung aus Träumen, Illusionen. Das Leben geht weiter und zwar mit viel Kraft.

Das Großartige an Lateinamerika, an eurer ganzen Bewegung, ist genau diese Freude, ein Phänomen, das man in anderen Teilen der Welt nur selten findet. Bald wirst du diese Erfahrung selbst machen können: wenn du nach Schweden fährst und mit den Menschen dort sprichst. Es ist sehr wahrscheinlich, daß der Journalist, mit dem du sprichst, ein sehr aufrichtiger Mensch, ein ernster Mensch, ein Mensch, der vollkommen erscheint – daß er schließlich bekennen wird, sein Leben sei eine einzige Trostlosigkeit. Das ist mir immer wieder passiert, wenn ich mit skandinavischen Journalisten gesprochen habe, aus Schweden, aus Dänemark. Die letzte Frage, die ich die skandinavische Frage nenne, ist diese schreckliche: Gibt es denn keine Freude im Leben? Und deshalb erscheint mir Lateinamerika so einzigartig; es gibt große Probleme, und trotzdem entfaltet sich eine Reaktion voller Lebendigkeit; was ist das Konzept dieser Lebensfreude?

Die Zeit. Weil man uns von klein auf dazu erzieht, die Zeit als unendlich zu verstehen, die Zeit als etwas, das nie endet. Der Weg, den wir auf der Welt gehen, ist ein sehr kurzer Weg, das gilt für jedes Individuum, das auf die Welt kommt. Deshalb gibt es immer ein Fest, wenn ein neues Individuum kommt; deshalb gibt es immer eine Verbindung zwischen der schwangeren Mutter und dem Kind, bevor dieses zur Welt kommt; deshalb existiert bei uns das, was man Tocayo nennt. Tocayo bedeutet: Vom ersten Moment der Schwangerschaft an wünsche ich, daß, wenn es ein Sohn ist, dieser so wird wie der Vater meines Ehemannes zum Beispiel, und daß, wenn es eine Tochter ist, diese so wird wie die Großmutter, wie meine Mutter also. Die Frau nimmt diesen Traum ganz in sich auf, diese Freude, daß sie einen Enkel trägt. Und dieser Enkel muß den Namen seines Großvaters oder seiner Großmutter tragen, was nicht bedeutet, daß man voll und ganz wünscht, er möge absolut genauso werden wie der Großvater, aber ein bißchen eben doch. Und es ist unglaublich, was das für einen Einfluß auf die Kinder hat; schon wenn sie geboren werden, von klein auf, beginnen sie Gesten zu machen wie ihr Tocayo. Sie werden das Höchste des Lebens. Man macht das, weil die Zeit unendlich ist, und ein neues Lebewesen, der Tocayo, das ist bereits, als würde die Großmutter von neuem geboren; und während der Tocayo aufwächst, überläßt sie ihm den Raum, der ihm zusteht, und stirbt. Wirklich neu geboren wird die Großmutter dann, wenn ihr Tocayo ihrerseits durch andere Großmutter wird . . . Also, der Weg, wie ich es nenne, der Weg, den wir auf der Welt zurücklegen, ist sehr kurz. Und es ist die Erziehung, wenn Kinder kommen, sagen viele Leute: Dieses Stück Land, das bewohnen wir. Deshalb habe ich in meinem Gedicht gesagt: Die Kinder unserer Kinder und die Kinder der Enkel unserer Kinder.

Wie eine Kette.

So muß es sein. Ich kannte meine Großmutter, sie war ruhig, und als sie glaubte, daß sie nun genug gelebt habe, baute sie sich ihren Sarg. Sie kümmerte sich um ihren Sarg, baute ihn, stellte ihn in den Abstellraum, schön trocken, und sie schliff ihn sogar ab und all das. Särge werden immer aus Eiche gemacht. Ein Nachbar starb, und sie lieh ihm ihren Sarg. Bestimmt hat die Großmutter nicht schlafen können, wenn sie daran dachte, daß sie jetzt keinen Sarg mehr hatte. Und am nächsten Tag hat sie einen neuen gebaut, sie selbst hat die Länge ausgemessen. Entscheidend ist, wenn der Tod etwas Natürliches ist, dann ist er nicht schrecklich. Deshalb haben die geheimen Friedhöfe eine so große Bedeutung für uns; all die Leute, die unsere Massengräber gesehen haben, träumen davon, eines Tages allen ihren Angehörigen ein würdiges Begräbnis geben zu können. Viele Leute mögen denken, daß es ein vor allem politischer Kampf ist, unser Wunsch, die Kadaver dort herauszuholen und sie in einen Sarg zu legen und zu begraben, aber es gehört eben auch zu den zeremoniellen Bräuchen des Lebens.

Es gibt Leute, die betrachten das Schweigen in Guatemala als etwas, das eng mit der Indiowelt verbunden ist. Stimmst du dem zu? Vielleicht hältst du euch ja auch für sehr gesprächig? Ich kann mir dich nicht immer schweigend vorstellen, du bist doch sehr aufgeschlossen und redselig.

Nun, ehrlich gesagt, es gibt das Geheime, das heißt das Verheimlichen. Dieses Verheimlichen spielt nicht nur im alltäglichen Leben der Leute eine Rolle, ganz allgemein, sondern es hat eine tiefe Bedeutung für das organisatorische Leben der Bevölkerung. Nur ein Beispiel, wir, das Comité de Unidad Campesina, bestehen jetzt seit fünfzehn Jahren, und niemals während dieser fünfzehn Jahre hat das CUC offenbart, wie viele Mitglieder es hat, wie viele Kader, wie viele Führer. Viele Leute sagen: Also seid ihr klandestin. Nein, sagen wir, für uns sind die Guerrilleros klandestin, sie haben zu den Waffen gegriffen und bewohnen kein Haus mehr; aber nicht wir, unsere Leute haben ein Haus, haben Dörfer, leben in Gemeinschaften, treiben dort verschiedene Projekte voran, einige davon sogar im Rahmen der Entwicklung, und dort sind unsere Leute. Die kurze Zeit in der Geschichte des CUC, während derer diese Zurückhaltung, dieses Verheimlichen, aufgegeben wurde, war dann auch die Zeit, in der wir mehr Compañeros verloren haben. Das Verheimlichen gab den Compañeros eine wunderbare Garantie, nicht nur für ihr Leben – denn ihr Leben können sie auch auf einer Demonstration verlieren –, sondern für das Projekt, das sie verwirklicht sehen möchten, das Projekt, das ihnen am Herzen liegt. Also befolgten alle diese Geheimhaltung sorgfältig.

Das, was du eben gesagt hast, habe ich mir in dem Buch »Klage der Erde«* unterstrichen. Wenn du jetzt von Geheimhaltung sprichst, so ist das ein Wort, das mir nicht geläufig ist, das ich lernen werde. Dazu heißt es in dem Buch: »Außerdem kamen für uns weder die Ligas noch die Gewerkschaften in Frage, denn sie müssen ihre Mitglieder vorschriftsmäßig bei den Behörden melden: Das wäre einer Auslieferung an die Mörder gleichgekommen.« Natürlich, klar. In Europa bedeutet Staat ... sagen wir mal, du kannst kritisch sein, aber es gibt einen gewissen Respekt. Für euch aber ist Staat der Name, den du den Mördern gibst.

---

* Erste spanischsprachige Auflage; der zweiten wurde dieses Gespräch von Menchú und Atxaga vorangestellt.

Genau. Und dann gibt es noch den natürlichen Widerstand. Mein Vater sagte: Wir müssen unsere Geheimnisse bewahren. Er sagte, weder ein Reicher noch ein Grundbesitzer, noch ein Priester oder eine Nonne dürften unsere Geheimnisse erfahren. Wenn wir die Geheimnisse unserer Vorfahren nicht bewahren, tragen wir die Verantwortung dafür, sie getötet zu haben. Meine Mutter hatte viele Geheimnisse, sie ist zum Beispiel nie von einem Hund gebissen worden, denn sie kannte das Geheimnis, wie man Hunde beruhigt.

Bei euch gibt es den Nahual, der Nahual ist dieses Doppel, das ihr in der Natur habt, ein Tier. Du sagst in deinem autobiographischen Buch, daß du nicht preisgeben kannst, welches dein Nahual ist, also, warum dieses Geheimnis? Was für eine Bedeutung hat dieses Doppel, dieses andere Ich, das durch ein Tier verkörpert wird? Warum darf man nicht sagen, welches es ist?

Es ist nicht für alle gleich, und außerdem ist es wie die Essenz aus etwas, das du aus so etwas wie einer moralischen oder historischen Verpflichtung heraus nicht definieren darfst. Viele Leute machen all das lächerlich ... Es gibt Dinge bei den Völkern, die man erst verstehen kann, wenn man sich in ihre Welt begibt und sich das ganz zu eigen macht.

Kannst du ein Beispiel für einen Nahual nennen, ich meine ein Beispiel aus der Literatur; hat Cardoza nichts über Nahuales geschrieben?

Nein, für den Nahual existiert keine genaue Definition. Es ist festgelegt, wie jedes Individuum seinen Nahual annimmt, aber das ist eine andere Sache. Zudem ist das nicht nur etwas Sichtbares, es ist auch etwas Spirituelles. Dieses Spirituelle ist im Grunde dein Glaube. Es geht also gar nicht so sehr um eine Definition, vielmehr gibt es bestimmte Dinge des Glaubens, des Lebens, an die man glaubt, weil man sie mit sich selbst identifiziert.

Während des Vortrags, den du kürzlich in Vitoria gehal-

ten hast, hat mir sehr gefallen, wie du gesagt hast, dieser Prototyp des Indios – hier würden wir sagen, dieses Stereotyp –, dieses Bild, das andere auf aggressive Art und Weise von euch haben –, sei etwas, das es zu zerstören gelte, und das sei ein Teil eures Kampfes. Das erschien mir sehr interessant, denn du selbst hast das Stereotyp des Indios so beschrieben: Er feiert gern, tanzt und musiziert – und nur dafür möchte man ihn haben. Hast du viel gegen dieses Stereotyp kämpfen müssen?

Es ist ein harter Kampf. Tückisch und undankbar. Aber vor allem ist es das Gesicht; na ja, jetzt, mit den Jahren bekommt man ein Gesicht, das mehr Respekt einflößt, aber vor ein paar Jahren, ich erinnere mich noch, vor vielleicht sechs oder sieben Jahren, da sahen mich die Leute einfach als eine Jugendliche. Und plötzlich tauchte ich bei verschiedenen Anlässen neben hohen Persönlichkeiten auf, zuerst mal ungewöhnlich gekleidet und dann mit diesem Patoja-Gesicht, so sagt man in meinem Land, Patoja ist das Mädchen; also mit diesem Patoja-Gesicht. Da kam es mehrmals vor, daß man sagte: Wessen Dienstmädchen ist das denn, oder: Für welche der älteren Damen sorgt denn dieses Mädchen? Wirklich, so empfand ich das, in Europa zumindest. Dort erzeugte mein Anblick zwischen all den Diplomaten und hohen Persönlichkeiten bei einigen so etwas wie Rührung, bei anderen eine gewisse Verwunderung. Aber zumindest ist es in Europa nicht so außergewöhnlich, man ist nicht entsetzt, eine junge Frau bei einer Veranstaltung mit hohen Persönlichkeiten zu sehen, selbst wenn diese älter sind. In Amerika dagegen mußte ich schwer gegen die Geringschätzung ankämpfen. Was ich damit sagen will, ist, daß ich selbst unter dieser Vorstellung von einem Prototyp von Indio habe leiden müssen, nicht nur in den entwickelten Ländern hier, sondern genauso in Amerika.

Und bist du auch in der Welt, die du vertrittst, auf Unverständnis gestoßen?

Es gibt eine Art Konkurrenz seitens derer, die die Indios studiert und daraus ihren Beruf gemacht haben, ihre Karriere, ihr Geld, ihr Leben. Und so passiert es, daß in dem Moment, in dem die Indios für sich selbst sprechen, eben diese Karriere in Frage gestellt wird. Ich weiß, daß es viele Menschen gibt, die uns niemals lieben werden, die niemals akzeptieren werden, daß die Indios sprechen. Denn in dem Maße, wie sie sprechen, kommt das Spanische, und dann sind sie keine Indios mehr, so sagt man. Das entspricht in etwa dem, was viele respektlose Menschen in letzter Zeit über meine Person gesagt haben. Es ist unglaublich, dieses rassistische Verhalten vieler Leute. Als ich begann, öffentlich aufzutreten – und ich kenne viele Anthropologen und Soziologen und habe nichts gegen diese Laufbahn –, hieß es plötzlich, ich sei von der Linken manipuliert, man habe mich indoktriniert, ich würde die linke Leier abspulen. Nur weil ich von der Einheit zwischen den Indios und den armen Ladinos sprach. Wenn ich über Menschenrechte sprach, über die Militarisierung, wenn ich an die Verschwundenen erinnerte, dann sagten einige Leute: Rigoberta ist tatsächlich von der Linken indoktriniert. Man hatte sich vorgestellt, meine Rede müsse eine Ode an die Vergangenheit sein, ausschließlich in Begriffen der Indios gehalten. Dann gab sich diese Phase, daß die India mit linken Ideen auftrat, und seit neuestem wird gefragt, ob Rigoberta vielleicht ein Symbol für den totalen Widerstand gegen das westliche System ist, weil sie ihr Band nicht ablegt, weil sie keine Schminke benutzt, weil sie dies und das nicht macht. Es gibt diese Vorstellung, die Indios würden sich mit dem, was aus dem Westen kommt, niemals gut stehen. Diese spalterische Idee ist nicht sehr intelligent, und man tut den eingeborenen Völkern damit keinen großen Gefallen. Ich zum Beispiel benutze häufig das Fax, ich finde das Fax gut. Sollen wir vielleicht fordern, daß eine Nachricht per Maulesel weitergeleitet wird? Die Mayas haben die Null entdeckt, und wir haben das Recht auf eine wissenschaftliche Weiterentwicklung, das Recht, die Komplexität der Welt kennenzulernen, einen Standpunkt zu vertreten, der über unser eigentliches ethnisches Problem hinausgeht. Aber einige sagen, Rigoberta sei keine Eingeborene mehr, obwohl sie ihr Band trägt, obwohl sie keine Schminke benutzt und obwohl sie ich weiß nicht was noch macht; Rigoberta sei keine Eingeborene mehr, weil sie sehr gut Spanisch spricht und weil sie von ein paar komplexeren Themen der Welt etwas versteht.

Das Gespräch nähert sich seinem Ende. Rigoberta Menchú muß nach Barcelona und Atxaga nach Asteasu, wo er mit einigen Anwohnern ein Kulturprojekt plant. Sie träumt in Quiché, er in Euskera. So groß auch die geographische Entfernung ist, so nahe sind sie sich doch in ihrer Leidenschaft, das Leben verändern zu wollen. Sie haben noch Zeit, einander zuzulächeln, zu küssen. Schließlich betrachten beide das Foto auf dem Buch »El clamor de la tierra«. Rigoberta tut das ein bißchen weh, sieht sie doch in dem Foto die Jugend, die sie für immer auf diesem Hochglanzpapier zurückgelassen hat.

Sie seufzt und sagt: Armes Unschuldsgesicht.

26. September 1992

Klage der Erde

Der Kampf der Campesinos in Guatemala

Vorwort

In der Geschichte unseres Landes haben immer verschiedene Formen der Organisation, des Widerstandes und des Kampfes existiert, die das jahrtausendealte Vermächtnis und die Ratschläge unserer Vorfahren, der Mayas, aufgreifen und bewahren. Diese Bewegung hat historische Ergebnisse hervorgebracht, die weit über die von den einzelnen Sektoren geführten Kämpfe um jeweils konkrete Forderungen hinausgehen; aus ihr sind uns grandiose Erfahrungen erwachsen für den Aufbau einer neuen Gesellschaft in einem Land mit vielen Völkern; einer Gesellschaft auf der Basis von Gleichheit und Respekt vor der Identität und der kulturellen Vielfalt eines jeden unserer Völker, Indios wie Ladinos. Sie lehrte uns verstehen, daß wir das Recht auf Land haben, Land, das uns das Leben gibt und zugleich das Fortbestehen des vergangenen, gegenwärtigen und zukünftigen Vermächtnisses unserer Mayakultur garantiert; sie lehrte uns verstehen, daß wir das Recht haben, dieses Land zu bewahren, und jene Ernte einzubringen, die ein Leben in Würde und Wohlstand für alle Chapines gewährleistet.

In unserer Erinnerung leben all die Tausende von Brüdern fort, Frauen und Männer, Alte und Kinder, die ihr Blut vergossen und das Beste ihres Lebens geopfert haben; allen voran unsere ersten Führer, die beispielhaft für das Ideal kämpften, Eigentümer der Mutter Erde zu sein, aber auch generell für den Aufbau einer demokratischen, menschlicheren, würdigeren und gerechteren Gesellschaft in Guatemala. Sie zeigten auf überzeugende Weise, daß das Entstehen der verschiedenen Organisationen des Volkes von Guatemala – auch der Organisationen der eingeborenen Campesinos – notwendig war, um einhellig auf die schrecklichen und unberechenbaren Folgen des Elends antworten zu können. Das Elend offenbart sich noch heute mit aller Gewalt: in Hunger, in Krankheiten, im Massensterben unserer minderjährigen Kinder, in einem Rassismus, der das Wesen des Menschen beleidigt, überhaupt in dem verächtlichen Verhalten gegenüber uns armen Guatemalteken, die wir doch die Mehrheit sind. Eine sehr reiche Minderheit zwingt uns diese Situation auf, Militärs und Zivilisten, die seit Jahrhunderten von dem Reichtum profitieren, den der Schweiß und die Arbeit der immensen Mehrheit unseres Volkes schaffen. Nun, das Bewußtsein unserer Leute, die Organisation und der Kampf, zeugen jedoch sehr lebendig von einem Volk, das eine bessere Zukunft anstrebt.

Mit der Entwicklung des Austausches zwischen unseren Gemeinschaften, Dörfern, Kantonen und Völkern wurde es vielen möglich, den unterschiedlichen Verlauf der einzelnen Kämpfe zu verfolgen und ihre Geschichte genauestens kennenzulernen. So ergab sich die Gelegenheit, daß die Armen in unserem Land eine neue Erfahrung der Organisation machten, daß sie ein größeres Bewußtsein dafür entwickelten, wie wichtig es ist, den Kampf der Unterdrückten von gestern und heute als einen gemeinsamen zu verstehen.

Erst im Zuge der Organisierung und der Kämpfe erkannten wir die Wurzeln unseres Hungers, der Diskriminierung und all der Unmenschlichkeiten, die wir erleben mußten, sowohl auf dem Lande als auch in der Stadt. Deshalb fühlten wir immer stärker die Notwendigkeit, uns zusammenzuschließen und mit Entschiedenheit zu kämpfen, um uns von der 500jährigen Last sozialer Ungerechtigkeit zu befreien und das Glück jener Generationen sicherzustellen, die auf die Früchte unseres Engagements hoffen.

Dies ist auch der Grund für das Entstehen und Wachsen unseres geliebten CUC, *Comité de Unidad Campesina,* das als eine Organisation der armen Landarbeiter, Eingeborenen und Ladinos, bekannt wurde. Am Anfang bedurfte es des Beitrages vieler wertvoller Compañeros, die mit dem Hunger und dem harten Überlebenskampf aufgewachsen waren, eine große Erfahrung im Kampf hatten und ihre Stärke aus der Weisheit und der Kreativität der traditionellen Organisationsform unserer Gemeinschaften bezogen. Eine sorgfältig im Herzen der Kantone, Dörfer und Völker bewahrte Erfahrung, die niemals zuvor erkannt und berücksichtigt worden war. Als Beitrag zur Entstehung, zu Existenz und Entwicklung des CUC waren daneben vor allem auch die Erfahrungen aus den christlichen Basisgemeinden, den Ligas Campesinas, den Laienbruderschaften, den lokalen Autoritäten der Gemeinschaft, des Ältestenrates und anderer Organisationsformen unseres Volkes von Interesse. Über Jahrhunderte hinweg haben diese Menschen unermüdlich ihre wirtschaftlichen, politischen, sozialen und kulturellen Rechte eingefordert, haben darum gekämpft, daß ihr Eigentum an ihrer Mutter Erde – dem Land, auf dem sie seit jeher gelebt hatten – »legalisiert« werde.

Im Laufe vieler Jahre haben unsere Leute einen langen Weg zurückgelegt, auf der Suche nach wenigstens einer rechtschaffenen Behörde oder Institution, die Gerechtigkeit schüfe. Sie stießen jedoch nur auf ungestraft ausgeübte Korruption und Repression, auf das kriminelle Vorgehen der Armee und alle Arten von Ungerechtigkeiten. Weit davon entfernt, sich dadurch verängstigen zu lassen und zurückzuweichen, fühlten sie sich vielmehr noch in ihrem Bewußtsein gestärkt; sie vereinten ihre Ideen und arbeiteten um so engagierter dafür, die notwendigen allgemeinen Veränderungen voranzutreiben.

Trotz aller Einschränkungen gelang es dem CUC vom ersten Tage an, die heftigsten und dringlichsten Forderungen der eingeborenen Landbevölkerung zu verstehen und aufzugreifen; vor allem schuf es die wichtigsten Voraussetzungen für die Teilnahme der Frauen an Aufgaben der Organisation, an Ausbildung und Kämpfen, und so hatte es eine historische Gelegenheit, seine Rolle als Protagonist im Kampf für die Emanzipation des Volkes von Guatemala wahrzunehmen. Weiterhin half es uns, unsere eigene Denkart und unsere Gefühle besser zu verstehen; wir erkannten, daß wir aufgrund unseres historischen Erbes als Eingeborene das Recht haben, Subjekte und Konstrukteure unseres Schicksals zu sein. Deshalb mußten wir unsere Stimme erheben gegen die Verschleppungen zum Militärdienst, gegen die Behandlung, die die Regierung und ihre Institutionen unserer Kultur und Würde als eingeborene Völker widerfahren lassen.

Es ist kein Zufall, daß unser Comité de Unidad Campesina in den vierzehn Jahren, während derer es am Kampf der Campesinos beteiligt war, diesen Kampf um eine gerechte Landverteilung, um bessere Lebensbedingungen und gerechten Lohn auf den Agrarexport-Fincas ebenso zu seiner Sache gemacht hat wie die Kämpfe gegen Diskriminierung und Repression; so hat es zum generellen Kampf des guatemaltekischen Volkes für das Recht auf Leben und Freiheit beigetragen. Es ist wichtig, darauf hinzuweisen, daß der Kampf des CUC nur ein Teil des Kampfes der Campesinos und der Volksbewegung in Guatemala ist. Das CUC ist Teil eines aus einem breiteren Bewußtsein gespeisten gemeinsamen Projektes von Indios, Mestizen, Schwarzen, Arbeitern, Campesinos, Studenten, Technikern und Fachleuten.

Der Aufbau einer besseren, gerechteren Zukunft beinhaltet, daß unser Recht auf Organisierung und Einheit unserer Gemeinschaften und Völker uneingeschränkt anerkannt wird. Denn eine einzige Erde hat uns das Leben gegeben, wir haben eine gemeinsame Wurzel, und diese 500 Jahre Widerstand haben für alle Armen Guatemalas dieselbe Bedeutung gehabt. Die Anerkennung dieses heldenhaften Widerstandes bedeutet, uns das historische Erbe zurückzugeben und einen Anfang zu setzen für eine neue Geschichte in einem Land mit vielen Völkern. Guatemala liegt im Zentrum des indianischen Amerika; wir gehören zu jenen Völkern des Kontinents, die der kulturellen Fragmentierung, dem Rassismus, der politischen Repression sowie der sozialen und wirtschaftlichen Ungleichheit am stärksten ausgesetzt sind. Hier beutet man den Eingeborenen mehr aus als das Land, so urteilt der Dichter Cardoza y Aragón. Politik der verbrannten Erde ist es, was die Armee Guatemalas unseren Gemeinschaften gegenüber praktiziert hat.

Das CUC ist aktiver Bestandteil eines Guatemala, das sich nach Freiheit und Frieden auf einer neuen Grundlage sozialer Gerechtigkeit sehnt. Dieses Buch, *El clamor de la tierra,* gehört dem CUC. Es ist ein Dokument seines Entstehens und seiner aufschlußreichsten Erfahrungen. Es wurde von einer Gruppe Männer und Frauen erarbeitet – in Übereinstimmung mit ihren Erzählungen und Einschätzungen. Es erscheint mit meinem Namen auf der Titelseite, aber es ist das Verdienst und die Arbeit eines großen Kollektivs von Compañeras und Compañeros. Sie sind die Schöpfer dieser Klage der Erde für die Erde.

Rigoberta Menchú

Einleitung
Ein alter Schmerz

> Sie kamen überein,
> ihre Worte und
> ihre Gedanken zu verbinden.
>
> (Pop Wuj, 1991)

Die Geschichte, die wir hier erzählen wollen, ist eine Geschichte von Leid und Qualen, aber auch von Freude und Glück. Wir werden von Demütigungen und Gewalttaten berichten, nicht um Mitleid zu provozieren, sondern um zum Nachdenken anzuregen. Wir beabsichtigen mit diesen Zeilen, unsere Erfahrung mit den Lesern zu teilen: die Erfahrung eines Kampfes, der schon fast zwei Jahrzehnte andauert, dessen Wurzeln aber in viel weiter zurückliegenden Zeiten verhaftet sind.

Es gibt ein Problem, das alle anderen einschließt: das Land. Guatemala ist ein reiches Land. Das bestätigt auch unser heiliges Buch, der Popol Vuh, in dem man nachlesen kann, daß die ersten Bewohner Guatemalas, vor ewigen Zeiten, dieses Land als eine Heimat kennenlernten, die von Wäldern bedeckt und reich an Früchten war. Seit Jahrhunderten sind wir eingeborenen Völker jedoch gezwungen, uns mit Invasoren auseinanderzusetzen, deren Gesichter verschieden, deren Absichten dagegen identisch sind: Sie wollten und wollen sich unsere Arbeit und unser Land aneignen. Der erste war Pedro de Alvarado, der spanische Eroberer Guatemalas, der beschloß, das besetzte Gebiet unter seinen Soldaten und Statthaltern aufzuteilen.

Das war jedoch kein leichtes Unterfangen, mußte er doch dazu zehntausende Brüder und Schwestern der Quichés, Tzutujilen und Cakchiquelen töten. Das erste Massaker fand am Ufer des Olintepeque-Flusses zwischen Quetzaltenango und Totonicapán statt. Es war Samstagnacht, der 20. Februar 1524, so steht es in den Chroniken. Die Zahl der Toten war so groß, daß ihr Blut zu einem Fluß zusammenströmte und sogar die Luft sich verfärbte. Unter uns heißt diese Gegend seitdem xequijel, was »unter Blut« bedeutet. Dort verlor auch unser großer Führer Tecún Umán sein Leben; seither gilt er als Symbol für Widerstand und Kampfgeist. Dann fielen sie in Gumarcaj, der Hauptstadt des Königreiches der Quichés, ein. Heimtückisch ließen sie die Könige bei lebendigem Leibe verbrennen und steckten die ganze Stadt in Brand. Später, im April, traf es die Tzutujilen in Escuintla, zahllose Einwohner der Region wurden niedergemetzelt. Die Cakchiquelen begingen zu Anfang den Fehler, sich den Invasoren gegenüber freundlich zu verhalten. Es erging ihnen nicht besser. Alvarado forderte immer größere Mengen Gold, bis er den Zorn unserer Brüder provozierte. In dem Aufstand, der sich daraufhin erhob, verwelkte die Blüte der Jugend einer mutigen Nation.

Auf diese Weise, durch Hinterhalt oder Waffengewalt, fielen unsere Völker im mutigen Kampf eines nach dem anderen: Mames, Kekchíes, Ixilas, Kanjobalen und andere mehr.

Als die Massaker aufgehört hatten, begann eine lange Reihe anderer Qualen. Ein Leben in Verfolgung, Mißachtung und Ausbeutung nahm seinen Anfang. Man hat unseren Vorfahren hohe Abgaben abverlangt, ihnen den Schmuck geraubt und ihre religiösen Bücher und Tempel verbrannt. Ihre Frauen und Töchter wurden vergewaltigt, und man beraubte sie ihres Landes. Anschließend wurden sie zu Sklaven gemacht; man zeichnete sie mit glühenden Eisen, man ging sogar soweit zu behaupten, sie seien keine menschlichen Wesen, denn sie hätten keine Seele.

Einige zogen sich um den Preis, Hunger und Not leiden zu müssen, in die abgelegensten und bergigsten Regionen des Landes zurück, wo sie trotz zahlreicher Bedrängnisse zumindest Ruhe fanden. Die Invasoren und ihre Nachkommen nahmen sich das beste Land, und da es an Edelmetallen mangelte, war ihre Gier, sich auf Kosten unseres Eigentums und unserer Arbeit zu bereichern, unstillbar. So begann ein weiterer Krieg, ein Jahrhunderte während Krieg, weniger lautstark und blutig zwar als der der Conquista, aber nicht weniger unheilvoll. Seit jener Zeit sind unsere Großväter nicht müde geworden, gegen einen mächtigen und weitaus besser bewaffneten Feind zu kämpfen.

Es kam das Jahr 1821, von dem die Söhne der Invasoren sagen, es habe die Unabhängigkeit gebracht; die Situation der Indígenas aber blieb unverändert. Die einzige Veränderung bestand darin, daß die hiesigen Diebe, Söhne der Invasoren, unsere Reichtümer jetzt nicht mehr mit der spanischen Krone teilten, sondern für sich allein behielten. Und mehr noch: Unsere Situation verschlechterte sich. Mitte des Jahrhunderts kam der Kaffee nach Guatemala. Die Finqueros sahen darin eine neue Möglichkeit, sich auf unsere Kosten zu bereichern: Umgehend nahm die räuberische Aneignung von Land aus Gemeinschaftsbesitz zu, mit dem Ziel, dort jene Bohne zu säen, die bis heute eine der rentabelsten Anbaukulturen darstellt. Es folgten die sogenannten liberalen Regierungen. Liberal im Sinne der Reichen, denn für uns begann eine finstere Zeit. Die Finqueros gaben sich nicht damit zufrieden, uns zu berauben, vielmehr veranlaßten sie darüber hinaus noch, daß Gesetze erlassen wurden, die uns zur Zusammenarbeit verpflichteten, sei es im Straßenbau oder direkt auf ihrem Besitz. Und jedesmal, wenn sie sich über die Kontrolle der Regierung stritten –

was häufig vorkam –, benutzten sie uns als Kanonen-futter.

So verfestigte sich eine rassistische Gesellschaft, die auf Segregation und Diskriminierung begründet war. Unsere Gemeinschaften verloren die wirtschaftliche und politische Unabhängigkeit und waren so den unheilvollen politischen Führern ausgeliefert, den Abgesandten der Zentralregierung, die beauftragt waren, die Interessen der Finqueros zu wahren.

Eine kleine Erleichterung brachte uns – das soll hier erwähnt werden – die Revolution von 1944. Diese Bewegung verfolgte das Ziel, die Machtausübung der Finqueros und der ausländischen Monopole, die schon damals in unser Land vorgedrungen waren, durch eine auf Wahlen gegründete Demokratie zu ersetzen. Aus einer ganzen Reihe von Gründen hatten wir nicht viel Anteil am damaligen Geschehen, aber die Abschaffung der Zwangsarbeit, der Versuch einer Agrarreform und das Verschwinden der alten politischen Führer brachten auch für uns gewisse Verbesserungen mit sich. Unsere Väter erinnern sich noch heute der Freude jener Brüder, die gerade im Westen beim Straßenbau arbeiteten, als eine Anordnung kam, ihnen die Freiheit zu geben. Zum erstenmal seit dem 16. Jahrhundert durften wir in den Dörfern wieder unsere eigenen Autoritäten wählen, und darüber hinaus wurde 1950 eine Gewerkschaftszentrale gegründet, die *Confederación Nacional Campesina de Guatemala* (CNCG), an deren Arbeit wir uns in gewissem Rahmen beteiligen konnten.

Oberst Arbenz, der von 1951 bis 1954 regierte, entzog der Compañía Frutera (United Fruit Company) einen Teil ihrer Ländereien an der Südküste, in Tuiquisate, Bezirk Escuintla, um sie unter armen Familien zu verteilen. Ebenso verfuhr er in San José La Máquina, Mazatenango, in der Gemeinde Suchitepequez sowie in El Naranjo und Belén, Malacatán, im Bezirk San Marcos.

Arbenz wollte den Reichtum Gutemalas nicht länger an die ausbeutenden Länder verschenken. So entzog er die Elektrizitätsversorgung den Händen der Vereinigten Staaten und baute einen Hafen, damit das Land Export und Import selbst kontrollieren konnte. Er machte Schluß mit der Repression und setzte sich für Gerechtigkeit, Frieden und den Beginn der Gleichheit ein.

Die eingeborene Bevölkerung verspürte eine gewisse Erleichterung, faßte Mut und hegte Hoffnung beim Gedanken an die kommenden Generationen. Viele waren der Ansicht, daß sich mit dem erfreulichen Vorgehen dieser Regierenden die Situation des Landes bessern müsse. Andererseits herrschte jedoch auch eine große Verwirrung, vielleicht weil es an gezielter Arbeit zur Schaffung eines entsprechenden Bewußtseins fehlte. Die extreme Rechte streute Angst unter der Bevölkerung und verbreitete die Behauptung, Arbenz wolle der Religion und der Indiokultur den Garaus machen. Hinzu kam: Der Regierung der Vereinigten Staaten, den Militärs und den Reichen des Landes gefielen Arbenz' Reformen ganz und gar nicht. 1954 erklärten sie ihn zum Kommunisten, und es erfolgte die vom CIA organisierte Invasion. Von den Nordamerikanern und den Finqueros unterstützt, übernahm Castillo Armas die Regierung. So wurde der einzige ernsthafte Versuch, grundlegende Veränderungen herbeizuführen, durch eine ausländische Intervention zunichte gemacht, und Guatemala geriet unter die Kontrolle von mörderischen Militärs. Das Land, das den Armen zugeteilt worden war, wurde ihnen wieder entzogen, und die Repression gegen die Gewerkschaften begann von neuem.

Alles weitere gehört in die Chroniken der jüngsten Vergangenheit und ist zentrales Kapitel unserer Geschichte.

Die Lebensbedingungen auf dem Hochland und auf den Fincas

Das Scheitern der Revolution von 1944 bedeutete eine Stärkung der Großgrundbesitzer, ihre politische Konsolidierung als Oligarchie. Das heißt, daß in Guatemala die gesamte Organisation des Staates und sein Repressionsapparat – von der Armee bis hin zum letzten bezahlten Schläger – auf den Einsatz unserer Arbeitskraft gerichtet sind. Damit sollen die Anforderungen der Wirtschaft, die auf Kaffee und einigen anderen Exportprodukten wie Baumwolle, Zuckerrohr und Kardamom beruht, befriedigt werden. Das heißt aber auch, daß wir Campesinos die wichtigste Quelle des nationalen Reichtums sind. Auf Kosten unserer Arbeit essen – und zwar sehr gut – die allermeisten Vermögenden dieses Landes sowie die Polizisten, Angestellten und Beamten der Regierung.

Aber wie kann all das funktionieren? Erneut müssen wir, wollen wir das verstehen, auf das Landproblem zurückkommen. Guatemala umfaßt unterschiedliche geographische Regionen, die in einige Hauptzonen zusammengefaßt werden können: das Zentrale Hochland, die Südküste, Bocacosta, die Abhänge der Vulkane, die Waldregionen im Norden und die Trockengebiete im Osten. Obwohl unsere Vorfahren nach und nach alle Regionen besiedelten, die zum heutigen Staatsgebiet gehören, hat uns der permanente Druck der spanischen Kolonialisten, der landbesitzenden Ladinos und der ausländischen Monopolisten aus dem größten urbaren und zugleich fruchtbarsten Teil des Landes vertrieben: der Südküste. Deutlich gesprochen: Mit uns hat man die rechtmäßigen Eigentümer dieses Landes vertrieben, denn dort ist es, wo wir unseren Schweiß vergießen und uns bis auf die Knochen schinden. In der Tat war diese Region seit ewigen Zeiten bewohnt. Der Überlieferung zufolge geschah dort das Wunder, das den Ursprung unserer Maya-Zivilisation darstellte: die Nutzbarmachung des Maises. Hier eine Beschreibung aus dem Popol Vuh: »Es gab Petaxte, Kakao und unzählige Sapotillen, Honigäpfel, Kirschbäume, Malpighiazeen, Rautengewächse und Honig im Überfluß. Es gab Nahrung aller Art, kleine und große Nahrungsmittel, kleine und große Pflanzen.« Dort also spendeten die Ahnen von Tepeu und Gucumatz die weißen und die gelben Maiskolben, die heute noch durch unsere Adern fließen.

Im Laufe der Zeit fegte die Habgier der Usurpatoren unsere Gemeinschaftsländereien hinweg und drängte unsere Siedlungen in die kalten Regionen des Hochlandes ab. Dieser Prozeß war gegen Ende des vergangenen Jahrhunderts abgeschlossen; er stand in unmittelbarem Zusammenhang mit dem zeitgleich stattfindenden Aufschwung des Kaffee-Exportes. Auf dem Hochland konzentrierten sich also unsere Dörfer und die große Mehrheit unserer Leute. Auch wenn wir das Land dort sehr lieben, so gibt es doch das Problem, daß der Boden nicht so gut ist und vor allem nicht für alle ausreicht. Auch wenn fast jede Familie zumindest über ein kleines Stück Land für ihre Aussaat verfügt – der Ertrag reicht in den seltensten Fällen aus, um eine ganze Familie zu ernähren. Und diese Not zwingt uns, an der Küste Arbeit zu suchen.

Die Eigentümlichkeiten des Kaffeeanbaus bedingen es, daß während der Ernte und des Jätens zahlreiche Arbeitskräfte benötigt werden, in der verbleibenden Zeit jedoch nicht. Auf jeder Finca ist eine bestimmte Anzahl von Familien ansässig, die die Routinearbeiten erledigen; wenn aber die Zeit der Ernte naht, so wird es notwendig, viele zusätzliche Arbeiter von außerhalb holen zu lassen. Unsere Dörfer auf dem Altiplano sind die Hauptversorgungsquelle für diese Nachfrage.

Auch wenn sie weit entfernt liegt, verwandelt sich die Finca auf diese Weise doch in einen zentralen Bestandteil unseres Lebens. Vom frühesten Säuglingsalter an halten wir uns dort auf, verbringen lange Arbeitstage auf den Rücken unserer Mütter. Dort verrinnt unsere Jugend. Dort sterben wir an tausend Krankheiten, die die Reichen nicht einmal vom Hörensagen kennen.

Unsere Bindung an den Großgrundbesitzer der Küste basiert auf einem Ködersystem. In den Zeiten der Ernte und des Jätens, also im August, September und Januar, braucht der Finquero Aushilfskräfte. Um die Arbeiter anzuwerben, bedient er sich der sogenannten Makler. Normalerweise kommt der Makler ein paar Tage vor einem wichtigen Feiertag in das Dorf auf dem Hochland. Im Dorf braucht man Geld, um die zeremoniellen Verpflichtungen und die Getränke bestreiten zu können. Der Makler, immer ein Kenner des Brauchtums und der Leute, gibt sich großzügig und schießt das Geld vor. Der Schuldner zeigt seinen Ausweis, und seine Daten werden, zusammen mit dem geliehenen Betrag, notiert. Das Geld wird mit Bedacht vor dem Fest verliehen – so wird es bestimmt ausgegeben, und danach herrscht Mangel. Ein großer Teil dieses Geldes wird für Alkohol, ja für Gelage vergeudet. Am vereinbarten Tag kommt ein Lastwagen und holt alle Arbeiter ab, die unter dem Namen »Cuadrilleros« bekannt sind. Dann gibt es kein Entkommen, denn der Makler kennt die Geköderten persönlich, und alle Welt weiß, daß es besser ist, ein Versprechen nicht zu brechen.

Bei der Ankunft auf der Finca, nach einer viele Stunden dauernden Reise, die wir wie Vieh zusammengepfercht zurückgelegt haben, werden wir Arbeiter in Schuppen untergebracht, in einigen Fällen auch unter einer Ceiba. Man gibt uns einen Stein zum Mahlen, damit wir uns unser Essen selbst zubereiten. Trinkwasser gibt es nicht, nur Brunnen und Flüsse. Es gibt kein Brennholz und schon gar keine ärztliche Versorgung. Statt einer Essenszuteilung erhält jeder alle acht Tage eine bestimmte Menge Mais, die dann später zum gängigen Preis vom Lohn abgezogen wird. Dabei wird betrogen: Der Finquero kauft den Mais ein, wenn er billig ist, und er verkauft ihn an uns weiter, wenn er teuer ist. Manchmal stammt der Mais noch aus dem Vorjahr, dann ist er häufig angefressen oder sogar verfault.

Die Arbeit auf der Finca beginnt früh am Morgen. Der Cuadrillero steht um vier Uhr morgens auf, und um fünf Uhr ist er auf den Feldern. Dort verbringt er den ganzen Tag unter einer höllischen Sonne und mit allerlei Getier, das ihn unaufhörlich plagt. Gezahlt wird nach Akkord: Der gepflückte Kaffee kommt in Tragekörbe und wird anschließend in Säcke gefüllt. Jeder Arbeiter schleppt das, was er geerntet hat bis zu der Stelle, an der sich die Waage befindet, in einigen Fällen eine Entfernung von mehreren Kilometern. Die Frauen schleppen ihre Kinder: Die Frauen sind es, die am meisten leiden. Die berittenen Aufseher, Revolver im Gürtel, kontrollieren alles. Das Abwiegen übernehmen Männer, die das Vertrauen des Verwalters genießen; sie bedienen die Waage auf betrügerische Weise und rauben so bis zu 20 Libras pro Sack. Wenn man bedenkt, daß ein guter Arbeiter mit Unterstützung durch einen Sohn oder seine Frau bis zu 100 Libras am Tag schneiden kann, so ist das ein ungeheuerlicher Betrug.

Die verdienten Beträge werden notiert und alle zwei Wochen ausgezahlt. Bei der Auszahlung werden der vorgeschossene Betrag und das, was der Arbeiter im örtlichen Konsumverein ausgegeben hat, abgezogen. Viele Fincas liegen weit abseits von den Dörfern, so daß es keine andere Einkaufsmöglichkeit gibt. Darüber hinaus gewährt der Konsumverein großzügig Kredite und animiert zum Konsum von schlechtem Essen und Alkohol, ebenfalls auf Kredit. Es ist fast überflüssig zu erwähnen, daß alle Waren von minderwertiger Qualität sind und zu horrenden Preisen verkauft werden. Am Ende streicht der Finquero einen großen Teil des Geldes, das er als Lohn ausgezahlt hat, als Gewinn aus betrügerischem Handel wieder ein.

In der Zeit des Jätens läuft alles genauso ab, nur daß der Betrug jetzt bei der Bemessung des ausgejäteten Landes stattfindet.

Am Ende dieser Arbeitsphase kehren wir, häufig an einer der in den warmen Gegenden verbreiteten Krankheiten leidend, in unsere Dörfer zurück, genauso arm wie vorher, denn das verdiente Geld reicht gerade dazu, die Samen zu kaufen, die wir auf unseren Parzellen aussäen werden. Nichts bleibt für Ausbildung, Medizin, Kleidung oder gar Vergnügen. Das andere Gesicht dieser Realität ist die konstante und systematische Abwertung unserer Rasse. Das Wirtschaftssystem Guatemalas basiert auf der Möglichkeit, über billige Arbeitskraft zu verfügen. Wir Indios sind zu einem guten Teil die Garantie dafür. Wenn sie uns als Tagediebe, unterwürfige Feiglinge oder minderwertige Wesen charakterisieren, wollen sie damit lediglich ihre Herrschaft über uns legitimieren. So haben die reichen Kreolen und Ladinos im Laufe der Geschichte soziale und kulturelle Strategien entwickelt, die die Existenz von fünf Millionen Indígenas einfach ignorieren. Auf diese Weise gaukeln sie sich selbst vor, sie kämen ohne uns aus.

Der Ursprung der Volksbewegung auf dem Hochland

Eine Reihe von Ereignissen unterschiedlicher Art trug dazu bei, daß der Gedanke, Veränderungen wären möglich, um sich griff. Unsere Völker haben niemals zurückgesteckt. In der Geschichte Guatemalas gab es zahlreiche Rebellionen, die immer wieder mit einem großen Ausmaß an Gewalt unterdrückt wurden. Im Laufe der Zeit schlug der Widerstand daher andere Wege ein: Wir begannen, unsere Identität zu verhehlen und Geheimnisse zu wahren. Auf diese Weise konnten wir – unter Bedingungen, die wahrscheinlich zu den härtesten zählen, die es je in der Menschheitsgeschichte gab – unsere grundlegenden religiösen, familiären und sozialen Organisationsstrukturen intakt halten.

Vom Beginn der fünfziger Jahre an waren unsere Gemeinschaften unterschiedlichen Einflüssen ausgesetzt. Einerseits gab es die Kirche, die, angetrieben durch einen starken Konservatismus und Antikommunismus und als Antwort auf die arbeiterfreundliche Politik der Regierung Arbenz, die Bewegung *Acción Católica* ins Leben rief. Ihr Ziel war es, durch den Einsatz lokaler Führer, die in der Lage waren, die offizielle Doktrin zu vertreten, das »Heidentum« zu bekämpfen und unser revolutionäres Potential zu neutralisieren. Dem Mangel an Priestern wurde durch eingeborene Katecheten abgeholfen, die zwar einen Laienstatus innehatten, aber in den Pfarreien nahestehenden Gruppen organisiert waren. Nach den Vorstellungen der Kirchenobersten bestand die Aufgabe der Katecheten darin, der Kirche wieder zu ihrer früheren dominanten Rolle zu verhelfen, die seit dem Auftreten von Vertretern des protestantischen und evangelischen Glaubens sowie von Kommunisten ins Wanken geraten war.

Andererseits kamen zu dieser Zeit auch viele Missionare, hauptsächlich aus Europa und den Vereinigten Staaten. Viele kamen in der aufrichtigen Absicht, den Armen zu dienen. Da aber die religiösen Belange untrennbar mit den Belangen der Gemeinschaft verbunden waren, bedeuteten die Angriffe auf heidnische Praktiken zugleich einen Angriff auf unsere traditionellen politischen Strukturen. Anfänglich versuchten diese Missionare, eine rein westliche Kirche durchzusetzen, aber nach und nach änderte sich die Ausrichtung ihrer seelsorgerischen Arbeit.

Als sie die ärmlichen Verhältnisse sahen, in denen unser Volk lebte, redeten sie nicht mehr soviel über göttliche Angelegenheiten, sondern begannen, sich um irdische Probleme zu kümmern. Sie gründeten Genossenschaften und Komitees zur Realisierung landwirtschaftlicher Projekte. Sie organisierten Kurse, um ein größeres Bewußtsein unter den Menschen zu schaffen, und sie bauten Schulen. Sie veranstalteten Alphabetisierungskampagnen, was für unsere in Unwissenheit gehaltenen Völker dringend notwendig war.

Unser Volk erkannte, daß endlich Menschen kamen, die bereit waren, sich zu engagieren und ernsthaft zu arbeiten. Als Antwort darauf begann es, sich zu organisieren und seine Probleme genauer zu definieren. Warum werden wir diskriminiert? Warum werden unsere Jugendlichen, einzig und allein weil sie Indígenas sind, verschleppt und in Kasernen gebracht? Warum bekommen wir weniger Lohn für gleiche Arbeit? Warum können wir nicht kaufen, was in den Läden der Hauptstadt angeboten wird? All diese Fragen und andere mehr beschäftigten unsere Köpfe. Unsere Eltern hatten uns erklärt, wir müßten tun, was man uns sage, sonst würden wir geschlagen und gedemütigt. Aber wir begannen zu erkennen, daß das Elend kein Produkt göttlicher Vorsehung ist. Das waren die ersten Schritte.

Ein weiterer wichtiger Faktor war die Entstehung der politischen Oppositionsparteien. Um 1965 entstanden die Ligas Campesinas, unterstützt von fortschrittlichen Kreisen der Parteien Democracia Cristiana, DC, und Partido Revolucionario. Andererseits hatte der Sieg der kubanischen Revolution die Vereinigten Staaten veranlaßt, in Mittelamerika verschiedene Programme ins Leben zu rufen, speziell für die eingeborenen Völker. Darlehen und technische Unterstützung trafen ein; Programme wie zum Beispiel das zur Gemeindeentwicklung wurden geschaffen, die zu einem Wachstum der Genossenschaftsbewegung führten.

Viele dieser Leute gingen damit lediglich auf Stimmenfang, um dann an die Regierung zu kommen. Sie strebten nicht eine Veränderung für das Land an, sondern wollten die Macht erobern. Trotzdem unterstützte in dieser Phase ein großer Teil der Indígenas die DC und die Kirche. Man muß wissen, daß wir ein zutiefst religiöses Volk sind. Schon immer sind wir Mayas sehr fromm gewesen: Für uns gehören Religion und Gesellschaft zusammen. Wenn wir aussäen, zum Beispiel, bitten wir die Erde vorher um Erlaubnis. Mit Weihrauch und Kerzen vollziehen wir eine Zeremonie, in deren Verlauf ein Maiskorn vergraben wird. Die ganze Gemeinschaft nimmt daran teil; wir beten zur Erde, denn dort ist Gott. Wir fühlen uns daher sehr christlich, aber gleichzeitig auch als Indios und unseren Vorfahren verbunden. Für uns ist das kein Widerspruch.

So kauften, als die Priester kamen und uns sagten, wir müßten diese Bräuche aufgeben, viele von uns die Heilige Schrift. Wir studierten sie und merkten, daß sie viel mit unserer eigenen Geschichte gemein hat. Das Beispiel von Moses hat uns tief beeindruckt: Moses, der sein Volk durch die Welt führt, um es zu retten. Wir entdeckten, daß die Reichen, die die Macht innehatten und das Volk unterdrückten, auch in der Vergangenheit nicht ohne weiteres auf diese Macht verzichtet hatten. Wir stellten eine Verbindung fest zwischen Christus, der von den Herrschenden gekreuzigt worden war, und unserem eigenen König, Tecún Umán, den die Spanier niedergemetzelt hatten, als er sein Volk mit der Waffe in der Hand verteidigte.

Wir dachten nach über die Ideen, die das Evangelium über Armut, Gerechtigkeit und Liebe enthält. Wunderschöne Ideen, aber wir erkannten auch, daß die Obrigkeit der Kirche auf seiten der Reichen stand: Um des Paradieses würdig zu sein, müsse man weiter leiden und die Ausbeutung schweigend ertragen, so erklärte sie. Und gleichzeitig gab es Priester, die sagten, die Erlösung werde öffentlich stattfinden, sie werde sich in der sichtbaren Welt, innerhalb der Gemeinschaft, ereignen und das Reich Gottes auf Erden sein. Wir erkannten, daß die Kirche in zwei Lager zerfallen war, eines auf der Seite des Kampfes der Armen, das andere entschlossen, die Privilegien der Reichen zu verteidigen.

Mit der Zeit bekam diese Spaltung eine größere Bedeutung als die zwischen Katholiken und Protestanten, die bis dahin sehr deutlich und die Ursache zahlreicher Probleme gewesen war. Durch die Entscheidung zugunsten des Volkes und die Begeisterung für die Idee, eine neue Gesellschaft ohne Diskriminierung und Unterdrückung zu schaffen, begannen die Uneinigkeiten zwischen den beiden Lehren zu verschwinden. Was zählte, war die Haltung in praktischen Angelegenheiten.

All diese Faktoren trugen dazu bei, daß die Menschen ihre lokal begrenzte Perspektive aufgaben und sich mehr im nationalen Leben engagierten. Um verstehen zu können, was dann passierte, muß man aber auch die faktischen und tiefgreifenden Veränderungen berücksichtigen, die sich in den Dörfern der Indígenas vollzogen; Kapital floß, immer mehr Leute hatten Geld, um sich Radios, Fahrräder oder Motorräder zu kaufen.

Besonders wichtig war das Radio. Zunächst gab es in jedem Dorf vielleicht eines, dann noch eins und noch eins, und schließlich hatte jede Familie ein Radio, und wenn es ein altes war. Was hieß das? Die Menschen begannen, etwas vom Rest der Welt mitzubekommen. Man hörte die Kurzwellensender, vor allem *La Voz de los Estados Unidos* und *Radio Habana Cuba*. Zu einem gewissen Zeitpunkt sorgte dies für einige Verwirrung, vor allem unter dem Eindruck von 1954, als die Kirche den Kommunismus als Teufelswerk deklarierte und Arbenz aus seinem Amt gejagt wurde. Als die Menschen jedoch von der Situation der Arbeiter in Kuba erfuhren, als sie hörten, daß dort der Wohlstand des Landes schon dem Volke zugute kam, entstanden viele Diskussionen. Die Frage der Ernährung der Kinder zum Beispiel war von großem Interesse, und wir sahen immer deutlicher, daß wir uns in Guatemala in einer sehr viel schwierigeren Situation befanden.

Von Bedeutung war schließlich auch das Aufkommen neuer sozialer Schichten unter den Indios, vor allem waren es Händler und Intellektuelle. Besonders die Händler verließen ihre Dörfer und gingen in andere Länder wie Honduras, Mexiko und Costa Rica, um Handel zu treiben – in einigen Fällen, um zu schmuggeln, vor allem aber um zu arbeiten.

Die Besiedlung der Wälder

Während dessen spitzte sich das Landproblem immer weiter zu. Die Bevölkerung war von drei Millionen Einwohnern 1950 auf 5,6 Millionen 1973 angewachsen. Die Armut nahm zu, und die Zahl der Campesinos ohne Land stieg. Hunderttausende waren gezwungen wegzugehen, zu den neuen Baumwollpflanzungen – Baumwolle, ein neues Exportprodukt – oder zu den Zitronenpflanzungen nahe der Hauptstadt.

Im Jahre 1962 schuf das Parlament das *Instituto Nacional de Transformación Agraria,* INTA, einzig zu dem Zweck, die Agrarreform, seit der Ära Arbenz ein Tabu, abzubauen. Man wollte diese Frage lösen, indem man unsere Bevölkerung einfach in die unbewohnten Gebiete im Norden des Landes schickte.

Zu den Entwicklungsgebieten, die dafür vorgesehen waren, zählte auch die später bekanntgewordene *Franja Transversal del Norte,* auf die wir im Laufe unserer Geschichte noch einmal werden zurückkommen müssen.

1965 startete die Kirche, in Abstimmung mit der Regierung, Besiedlungsprogramme in den Wäldern von Petén und in der Region Ixcán, im Norden der Bezirke Huehuetenango und El Quiché.

Nach und nach trafen unsere Brüder dort ein. Die ersten waren 18 Familien vom Stamm der Mam: Sie kamen zu Fuß aus Barillas. Man teilte ihnen das Land zwischen den Flüssen Ixcán und Xalbal zu, einen Streifen undurchdringlichen Waldes. Der Anfang war hart, denn sie hatten keinerlei Hilfsmittel; einzig und allein mit Macheten bauten sie ihre Häuser. Um Salz, Medizin, Kalk, Mais oder irgendwelche anderen Dinge kaufen zu können, mußten sie Fußmärsche von zwei Tagen bewältigen. Es fiel ihnen schwer, sich an das Klima zu gewöhnen: In diesem Waldgebiet war es sehr heiß, fast das ganze Jahr über hielten wolkenbruchartige Regenfälle an, und diese Menschen kamen aus einer kalten Gegend. Viele Kinder erkrankten und starben. Die Not der Brüder war groß; aber sie hatten keine Wahl, und so gelang es ihnen, den Wald Stück für Stück zu bezwingen. Sie steckten ihre Parzellen ab, richteten einen Gemeinschaftsladen ein und ebneten eine Landebahn für Motorflugzeuge.

1969 umfaßte dieses Projekt der Landzuweisungen 181 Empfänger, darunter Mames, Kanjobalen, Chujes und Ladinos. Schon 1971 waren zwei Dörfer fertiggestellt: Mayalán und Xalbal. Als sich die Nachricht verbreitete, daß es möglich war, im Wald zu überleben und sogar einen bescheidenen Wohlstand zu erlangen, kamen um 1973 sehr viele Menschen aus fast allen Gemeinden des Landes in die Region. Es kamen Familien aus Quetzaltenango, San Marcos, Retalhuleu, Mazatenango, Cobán, Chimaltenango und aus der Hauptstadt.

So wurde Tercer Pueblo gegründet; La Resurrección oder Pueblo Nuevo, im geographischen Zentrum des Projektes; Los Angeles oder Cuarto Pueblo im Norden, in Richtung der Grenze zu Mexiko.

In jedem Dorf wurden zuerst die Landebahn und die Klinik gebaut. Dann kamen die Familien, die jeweils etwa 17 Hektar große Parzellen erhielten. Mit Hilfe der Kirche organisierten sich die Dörfer in Genossenschaften. Jede Genossenschaft hatte einen Vorstand, der von der Vollversammlung ernannt wurde und die rechtlichen Aufgaben wahrnahm. Es wurden Centros gebildet; jedes Centro umfaßte 24 Parzellen und wurde von einem vom Vorstand ernannten Vorsteher geleitet. Es gab Genossenschaften mit bis zu 25 Centros, und in allen berief man in zweiwöchigen Abständen Versammlungen ein, um die verschiedenen Vorhaben zu koordinieren.

Die Genossenschaften erhielten kollektive Eigentumsurkunden: Der Vorstand verteilte die Parzellen so, wie die Menschen ankamen, und anschließend stellte die Regierung den neuen Mitgliedern dementsprechende Urkunden über das Miteigentum aus. Jede Genossenschaft feierte jeweils am Jahrestag ihrer Gründung ein Fest. Mayalán zum Beispiel, gegründet am 3. Mai, feierte also am Día de la Cruz; La Resurrección wurde im April gegründet und erhielt deshalb diesen Namen und so weiter...

Mit der Zeit ging es unseren Brüdern dort besser, sie hatten Schulen, Märkte, Läden und Lagerräume; es gab Kurse für Katecheten, Krankenpfleger und Hebammen, Kurse zu landwirtschaftlichen Fragen und sogar über den Umgang mit technischen Geräten. Die Genossenschaften erhielten Funkgeräte, eine Trockenmaschine für Kardamom, eine Destilliermaschine für Reis und Anlagen zur Erzeugung elektrischen Lichtes.

Sie produzierten Mais, Frijoles, Reis, Kardamom, Zuckerrohr, Bananen, Orangen, Lima, Ananas, Kaffee, Kakao und Pfeffer. Außerdem züchteten sie Vieh zur Fleischproduktion.

Diese Produkte verkauften sie in Huehuetenango, El Quiché und in der Hauptstadt, wo sie über Lagerräume verfügten; da es keine Straßen gab, wurden die Produkte in Motorflugzeugen transportiert, die die Kirche zur Verfügung stellte. Auf demselben Wege wurden ihnen alle notwendigen Dinge geliefert. Der Versuch funktionierte. Einige waren der Ansicht, die Vermischung verschiedener Völker und Sprachen an einem Ort werde die Identität der einzelnen auslöschen. Aber dem war nicht so. Das Aufeinandertreffen trug vielmehr dazu bei, daß die Leute aufgeschlossener wurden, die Probleme der anderen Brüder kennenlernten und sahen, daß sie den ihren durchaus entsprachen. So gelang es, das Mißtrauen und den Argwohn zwischen Mitgliedern unterschiedlicher Gemeinden – die sich die Reichen immer zunutze gemacht hatten – zu überwinden. Und trotzdem bewahrte ein jeder seine eigenen Bräuche, und wenn es möglich war, unterhielt er Beziehungen zu dem Volk, aus dem er stammte. Von großer Bedeutung war auch die Annäherung an die Ladinos. Der Indio begann sich darüber klar zu werden, daß der Ladino nicht sein Feind ist, sondern daß sie beide sogar Seite an Seite für den Aufbau einer besseren Welt kämpfen können.

Die Lage verschlechtert sich, und das CUC entsteht

Die Fortsetzung unserer Geschichte spielt sich auf dem Altiplano ab. Dort nahm aufgrund der Erosion des Bodens die Armut ständig zu. Da wurden die Düngemittel, die in jener Zeit aufkamen, als ein Ausweg angepriesen. Am Anfang gab es Mais in Hülle und Fülle, und der Dünger war billig. Der Quintal kostete 2,50 Quetzal. Also kauften die Leute Dünger und hatten genügend Mais. Aber schon nach zwei Jahren wendete sich das Blatt: Es gab zuviel Mais, und er konnte nicht mehr verkauft werden. Vielleicht hätte man ihn in Länder, in denen er gebraucht worden wäre, exportieren können, aber das passierte nicht. Die Bevölkerung baute Kartoffeln an, und das Ganze wiederholte sich: Es gab keinen Markt.

Infolge der Ölkrise 1973 stieg der Preis für Düngemittel, und unser Geld reichte nicht mehr, um sie zu kaufen. Was vorher 2,50 Quetzal gekostet hatte, stieg auf einen Preis von 18,00 Quetzal. Da trat die Entwicklungsbank auf den Plan und sagte uns: »Der Preis des Düngers ist gestiegen, ihr könnt ihn nicht mehr bezahlen, wir verkaufen ihn euch auf Kredit.« Und wieder kauften wir. Das erste Problem war, daß der Dünger nicht mehr dieselbe Qualität hatte wie früher, daß die Ernte also auch geringer ausfiel. Und dann brauchte man einen Dünger für Mais und einen anderen für Frijol. Folglich mußte man zwei Zentner Dünger kaufen. Wofür wir also früher 2,50 Quetzal ausgegeben hatten, dafür mußten wir nun 36 Quetzales bezahlen. Viele überschuldeten sich, und nach Ablauf von fünf Jahren kam die Bank und nahm ihnen ihr Land weg.

In der Hoffnung, woanders ein Auskommen zu finden, gingen viele Menschen weg; es begann eine große Migration sowohl zur Küste als auch in die Hauptstadt. Nun mußten viele die Diskriminierung aus nächster Nähe erfahren. Früher waren sie nur in die Stadt hinabgestiegen, um ihre Libra Salz und ihre Tomaten zu kaufen; aber jetzt hatten sie keinen Mais mehr. Unsere Kinder waren gezwungen, in die Städte und auf die Fincas zu gehen, und dort mußten sie sich der Diskriminierung stellen. In einigen Fällen – und es stimmt traurig, daran zu denken – kam es so weit, daß Brüder ihre Identität verloren, daß sie sich schämten, Indios zu sein. Und ebenso erlitten alle Entwicklungsprojekte einen Schlag, denn das System als solches konnte sie nicht tolerieren.

Im Jahre 1972 trafen sich einige Campesinos sowie einige Geistliche und Fachleute und diskutierten über die Probleme der Armen, die Diskriminierung, die Ausbeutung und all die Ungerechtigkeiten, die es in Guatemala gibt. So entstand die Idee, etwas zur Veränderung dieser Situation zu unternehmen. Aber noch wußte man nicht genau, was zu tun sei.

Eine Phase des Nachdenkens und der Diskussionen begann. Es bildeten sich Arbeitsgruppen zu den verschiedensten Inhalten – von der Bibel bis zur Verfassung. Auch wenn die Geistlichen uns Indígenas zunächst niemals zur Revolution aufforderten, verhalfen sie uns dennoch zu einem Bewußtsein für den Mißbrauch, der allenthalben im Lande betrieben wurde. Jahrhunderte der Diskriminierung hatten in uns eine Art Gewöhnung erzeugt, wir hatten uns angepaßt. Schritt für Schritt begann sich dies zu ändern. Es ist nicht gerecht – sagten wir nun –, daß man uns mißhandelt und uns Schwerstarbeit verrichten läßt für einen miserablen Lohn, der dann nicht einmal ausreicht, um unsere Kinder zu ernähren. Es ist nicht gerecht, daß wir immer ärmer werden, während die Finqueros sich durch unser Leiden bereichern.

Mit der Heiligen Schrift und dem Beispiel, das sie uns selbst vorlebten, lehrten uns die Geistlichen, nein zu sagen, nein zu all jenen, die uns wie Vieh, wie Lasttiere behandelten. Sie zeigten uns den Weg, uns zu befreien, uns unserer Rechte als menschliche Wesen bewußt zu werden. Und die Priester und Nonnen ihrerseits erkannten, daß es nicht damit getan ist, die Messe zu besuchen, daß die Religion allein die Probleme der Gemeinschaft nicht lösen kann. Also muß es einen anderen Weg, eine andere Lösung geben.

In diesem Zusammenhang wurde uns auch klar, daß wir von den Mächtigen, von den Regierungen nichts zu erwarten hatten. Das hatte schon Jesus gesagt, und wir selbst mußten nun das Scheitern der Entwicklungspläne erleben. Auch die Funktion der Armee klärten wir: Sie existiert nicht, um der Nation zu dienen, sondern, um die Reichen zu verteidigen und die Armen zu unterdrücken, falls sie versuchen sollten, ihre Rechte zu verteidigen.

Diese Bildungsarbeit in verschiedenen Gruppen wurde in den Bezirken El Quiché und Chimaltenango sowie in einigen Ortschaften an der Südküste durchgeführt. Sie war der erste Vorläufer dessen, was später das Comité de Unidad Campesina, CUC, leisten sollte. Von Anfang an herrschte große Begeisterung, und wir waren überzeugt davon, die richtige Richtung eingeschlagen zu haben. Heute, fast 20 Jahre später, wissen wir, die wir noch am Leben sind, daß damals bei weitem nicht allen von uns bewußt war, wie steinig und lang der Weg werden sollte, den wir zurücklegen mußten.

Im Jahre 1976 kam das Erdbeben. Die 26 000 Toten, 70 000 Verletzten und eine Million Geschädigten waren arme Leute. Die am schwersten betroffenen Orte waren: Chimaltenango, San Martín Jilotepeque, Patzún, Pitzicía, Tecpán, San José Poaquil, San Juan Comalapa, Joyabaj, Salcajá, Parramos, S. Andrés Itzapa – allesamt Dörfer unserer Leute. Noch immer hatten viele Menschen die

Erklärung parat, es handele sich um eine Strafe Gottes. Da fragten wir: Warum sollte Gott mit der Ausübung seiner göttlichen Gerechtigkeit gerade bei den ärmsten und einfachsten Menschen beginnen? Viele versicherten: Wir haben zuwenig gebetet. Andere aber antworteten: Nein, wir haben gebetet, und unsere ganze Familie ist umgekommen.

In der Diözese von El Quiché erschien ein offener Brief der fortschrittlichen Bischöfe, die die Ursachen des Unglücks analysiert hatten. In diesem Brief wurde – zusammengefaßt – folgendes erklärt: Hauptursache der vielen Toten sei die mangelhafte Bauweise der Häuser, und in Guatemala fehle es nur deshalb an guten Häusern, weil der Reichtum in den Händen einiger weniger liege. Wir sagten dasselbe, auch wenn unsere Autorität, über Ausbeutung und Klassenunterschiede zu sprechen, noch nicht so stark war. Trotz all des Leidens brachte das Erdbeben also auch einen kleinen Lichtschimmer. Dann erreichte uns das Geld von außerhalb, für den Wiederaufbau.

Um die Pfarreien bildeten sich Gruppen, die schon bestehenden wurden gefestigt. Die Leute, die nicht organisiert waren, merkten schnell, daß dies die einfachste Art war, Hilfe zu erlangen. Und gleichzeitig ermöglichten diese Gruppen einen verstärkten Austausch. Von der Küste kamen Delegationen aufs Hochland, und wir lernten einander besser kennen. So sahen viele Ladinos, daß wir Indios nicht diese erbärmlichen Menschen waren, deren Anblick sie vermeintlich von den Schuppen der Fincas her gewohnt waren. Trotz aller Armut gab es in unseren Dörfern eine Kultur und Traditionen, die Respekt verdienen. Wir unsererseits begannen zu verstehen, daß wir unterscheiden mußten zwischen den Ausbeutern und jenen, die, obwohl sie keine Indígenas waren, unter ähnlichen Bedingungen lebten wie wir und sich unserem Kampf anschließen konnten. Und in der

Hauptstadt entstanden gleichzeitig Verbindungen zur Universität und zu den Gewerkschaften.

Diese Saat mußte aufgehen, auch wenn es zunächst Schwierigkeiten gab. Es bildeten sich weitere Gruppen an verschiedenen Orten, aber sie setzten sich zuwenig mit den konkreten, realen Problemen der Gemeinschaften auseinander: den Verschleppungen in die Kasernen, den Gewalttätigkeiten der Guardia de Hacienda oder der Guardia Forestal, dem Mißbrauch, den die Regierungskommissare betrieben, und so weiter. So wurden die aktivsten Mitglieder der Gruppen entführt; ihre verunstalteten Leichname fand man später gewöhnlich in irgendeinem Straßengraben.

Diese Art der Repression wurde als selektive Repression bekannt. Schon seit 1976, während das Volk noch daran arbeitete, das durch das Erdbeben verwüstete Land wieder aufzubauen, zeigte sich die Armee über die Präsenz der Guerilla in der Region Ixil beunruhigt und zerstörte die Maispflanzungen von Nebaj mit Bomben, wobei wehrlose Campesinos zu Tode kamen. Auf dem Hochland traten die unheilvollen Todesschwadrone auf, Gruppen, die unter wechselnden Namen im Osten bereits seit 1966 Terror verbreitet hatten.

In dieser Situation mußte man sich unbedingt äußerst vorsichtig verhalten, und wir fanden keine Organisationsform, die unseren Bedürfnissen entsprochen hätte. Die Ligas Campesinas waren nützlich gewesen; aber diese Zeiten waren vorbei. Sie verteidigten im wesentlichen die Interessen der kleinen Landbesitzer, aber unter uns waren schon viele, die gar keinen Besitz mehr hatten. Außerdem litten die Ligas an Korruption; ihre Führer waren mehr an ihrer persönlichen Bereicherung interessiert als am Wohl des Volkes. Die traditionellen Gewerkschaften waren wegen der Arbeitsstrukturen innerhalb der Fincas ebensowenig geeignet. Dort arbeiten neben den Cuadrilleros vom Hochland die Rancheros, die auf der Finca ansässigen Familien, die gewisse Privilegien genießen; zum Beispiel haben sie Arbeitsverträge. In Guatemala verbietet die Arbeitsgesetzgebung, daß Tagelöhner, die ohne Vertrag arbeiten, sich zu Gewerkschaften zusammenschließen. Damit blieb automatisch ein großer Teil unserer Leute ausgegrenzt. Die Strategie der Finqueros zielte von jeher darauf, den Ranchero – meist ein Ladino oder aber ein Indio, der sich dem Lebensstil der Ladinos angepaßt hatte – gegen den Cuadrillero, den schutzlosen und der Ausbeutung vollständig ausgelieferten Aushilfsarbeiter, auszuspielen. Der seit Beginn der siebziger Jahre herrschende Überschuß an Arbeitskräften brachte jedoch eine allmähliche Veränderung dieser Situation mit sich. Die Finqueros begannen die Rancheros zu vertreiben – weil sie sie nicht mehr brauchten und weil sie die einzigen waren, die das Recht hatten, sich zu organisieren. Sie zahlten ihnen eine Abfindung von einigen Quetzales oder fanden andere Wege, sie loszuwerden. Diese entlassenen Arbeiter kauften ein kleines Stück Land, auf dem sie, und sei es nur aus Blechplatten und Pappe, eine kleine Hütte bauten, um dann erneut auf der Finca Arbeit zu suchen; jetzt allerdings nicht mehr als Rancheros, sondern als Voluntarios, absolut rechtlos und zu Bedingungen, die sich von denen der Cuadrilleros kaum unterschieden. Aufgrund der Tücken des Gesetzes konnte die große Mehrheit der Arbeiter sich nicht gewerkschaftlich organisieren. Andererseits hätten jedoch weder die Ligas noch die Gewerkschaften unserer Situation wirklich entsprochen, denn sie müssen ihre Mitglieder vorschriftsmäßig bei den Behörden melden: Das wäre einer Auslieferung an die Mörder gleichgekommen.

Wir werden nie vergessen, wie Ende 1977 einige Brüder und Schwestern aus Aguilares in El Salvador zu uns kamen, Landarbeiter, die wie wir dabei waren, sich zu organisieren. Wir teilten unsere Maisfladen und unsere

Erfahrungen mit ihnen, und sie die ihrigen mit uns. Eine Gruppe kam nach Santa Lucía Cotz, andere gingen nach Chimaltenango und wieder andere nach Quiché. Es beglückte uns, daß unsere geschwisterlichen Verbindungen von den Grenzen nicht berührt wurden. Und wir konnten viel von ihnen lernen, denn sie waren in ihrer Organisierung schon weiter gediehen als wir. Sie waren dabei, in Chalatenango eine Organisation aufzubauen, die FECOAS hieß, und ihre Geschichte glich der unsrigen. An unserer Seite nahmen sie damals an der Demonstration teil, die alljährlich am 20. Oktober veranstaltet wird.

Im November 1977 kam es zu einem weiteren Ereignis, das große Bedeutung für die Entwicklung unserer Bewegung haben sollte. Im Wolfram-Bergwerk von San Idelfonso Ixtahuacán, im Bezirk Huehuetenango, wurden 300 Arbeiter entlassen, fast ausschließlich Indios vom Stamm der Mam. Sie wohnten in einem kleinen Dorf, das zum Bergwerk gehörte. Man fand keine Möglichkeit, öffentlich zu protestieren, bis schließlich ein Experte der Genossenschaftsbewegung – Mario Mungía Guingui – die Idee hatte, einen Marsch zu organisieren, auf der Basis einer ähnlichen Erfahrung, die man in Argentinien gemacht hatte. Die Bergarbeiter sammelten sich, um dann die 300 Kilometer, die sie von der Hauptstadt trennten, zurückzulegen. Als wir von diesem Marsch erfuhren, riefen wir die Leute, die schon organisiert waren, auf, mit solidarischen Plakaten auf die Straße zu gehen und Essen anzubieten. Nie fehlte es an Tamalitos oder Kaffee. In El Quiché gab es eine große Solidaritätsdemonstration. Nach zwei Dritteln des Weges, als der Zug die Region um Tecpán erreichte, wurde der Konflikt zugunsten der Bergarbeiter gelöst. Die Behörden hatten kein Interesse daran, daß die Gruppe die Stadt erreichte, wo sie noch mehr Menschen hätte mobilisieren können. Aus Angst vor weitreichenden Folgen zwang die Regierung Laugerud das Unternehmen, die entlassenen Arbeiter wieder einzustellen. Aber zu spät. Die

Bergarbeiter solidarisierten sich mit dem gerade stattfindenden Streik in einer Zuckerrohrpflanzung und -verarbeitung in Amatitlán und zogen unter großem Triumph in Guatemala-Stadt ein. Was dann folgte, war die größte Demonstration seit 1954. Tausende von Menschen drängten auf die Straßen, um den Demonstranten zu applaudieren. Nie zuvor hatte man einen derartigen Akt der Solidarität zwischen Indígenas und Ladinos, zwischen Campesinos, Arbeitern und Studenten erlebt. Als sie hier sahen, daß es vereint möglich war, zu triumphieren, gaben viele Compañeros ihre Zurückhaltung auf und schlossen sich der immer noch verdeckt laufenden Arbeit der Organisation an. Die Wirklichkeit selbst stellte die Dinge klar: Nur eine Massenbewegung konnte in einem so unglückseligen Land wie Guatemala den Sieg erringen. Immer deutlicher sahen wir, daß es unsere Aufgabe war, eine derartige Bewegung vorzubereiten und zu organisieren.

Die Zeit war reif. Am 15. August 1978 wurde das Comité de Unidad Campesina, CUC, während einer Versammlung der Mitglieder, Gruppen und Führer aus den einzelnen Regionen des Landes offiziell gegründet. Bei dieser Gelegenheit diskutierten und analysierten wir die bisherige Entwicklung unserer Arbeit und kamen zu dem Schluß, daß wir all unsere Kräfte vereinen mußten. Zuvor schon hatten wir über den Namen diskutiert, im Schuppen einer Finca in der Nähe von S. Martín Jilotepeque: Ursprünglich wollten wir uns *Comité de Solidaridad Campesina* nennen, aber es fiel uns schwer, das Wort Solidaridad auszusprechen, also entschieden wir uns für Unidad. Dieses Wort ist einfacher auszusprechen und bringt den Sinn der geschwisterlichen Verbindung zwischen den Campesinos ebenso zum Ausdruck. Wir sahen die Notwendigkeit einer umfassenden Vereinigung mit Tausenden und Abertausenden von Mitgliedern. Wir brauchten eine Organisation der Cuadrilleros, Voluntarios, Rancheros, der kleinen Pächter, Handwerker und Händler, der Indios und Ladinos, von Männern und Frauen: alle Unterdrückten und Ausgebeuteten vom Lande, Hand in Hand mit den Arbeitern, dem ganzen Volk von Guatemala, vereint im Kampf für die Beendigung der Ungerechtigkeit und für den Aufbau einer besseren Gesellschaft. Wir hatten gelernt, daß Rechte nur kraft der Organisierung erkämpft werden können.

Aber auch der Feind hatte seine Waffen gewetzt, die Auseinandersetzung hatte sich verschärft. Nach dem Bergarbeiterstreik war die Zahl der Entführungen und grausamen Morde gestiegen. So war uns von Anfang an bewußt, daß wir eine halbverdeckte Organisation sein und die entsprechenden Sicherheitsvorkehrungen treffen mußten. Wir wußten, daß die Regierung entschlossen war, uns alle niederzumachen. Aus diesem Grunde strebten wir weder die Legalisierung unserer Organisation noch ihre Anerkennung durch die Arbeitgeber an; und wir hielten die Identität unserer Führer geheim.

Getrieben von unserem Wunsch, uns öffentlich bekanntzumachen, beschlossen wir, am 1. Mai an der Demonstration teilzunehmen, die anläßlich des Internationalen Tages der Arbeit in der Hauptstadt stattfand. Unsere Parole für diesen Anlaß: KLARER KOPF, SOLIDARISCHES HERZ UND KÄMPFERISCHE FAUST DER LANDARBEITER wurde zur Losung der Organisation. Die Demonstration war das größte Zusammentreffen der Indígenas in der neueren Geschichte Guatemalas. Zum erstenmal nahm die Landarbeiterschaft die Straße ein – mit ihren eigenen Anliegen und Forderungen. Und mit einem großen Maß an Ordnung und Disziplin. Unsere Strohmatten, Macheten, Hacken, die bunten Kittel, Rucksäcke und Sombreros bestimmten das Bild. Die wichtigsten Redner auf der anschließenden Kundgebung vor dem Präsidentenpalast waren unsere Compañeros.

Die Konsolidierung des CUC
und das Massaker von Panzós

Eine der ersten Aktivitäten des CUC war eine überregional verbreitete Erklärung, die zum Kampf gegen die Verschleppungen in die Kasernen aufrief. Dann starteten wir Propaganda-Aktionen: klebten Plakate, verteilten Flugblätter, gestalteten Wandmalereien.

Dank intensiver, mit Leidenschaft geleisteter Arbeit gelang es uns, das Komitee in verschiedenen Bezirken vorwärtszubringen, in Quetzaltenango, Las Verapaces, Izabal, Huehuetenango, San Marcos, Retalhuleu, Totonicapán. Schnell wurden wir zu einer Organisation mit nationalem Charakter, was uns sehr zum Weitermachen ermutigte. Da der Moment, mit konkreten Forderungen aufzutreten, noch nicht gekommen war, konzentrierten wir uns darauf, die Repression zu denunzieren und besonders die Arbeiter zu Diskussionen anzuregen. Vom ersten Tage an benutzten wir eindeutige Worte: Es geht darum, Ausbeutung und Diskriminierung ein Ende zu setzen, und zwar mittels Selbstorganisierung der Produzenten. Wir setzten den Aufbau einer neuen Gesellschaft auf die Tagesordnung und begannen die Leute zu fragen, welchen Weg dorthin sie für den richtigen hielten.

Unsere Organisation wuchs, weil sie eine Organisation der Campesinos war – und ist. Die Kraft, das Vertrauen lagen in den Basisstrukturen. Deshalb gab es in jeder Gemeinschaft eine Koordinierungskommission, die lokale Versammlungen organisierte. Diese Kommissionen waren Herz und eigentliches Fundament des CUC, seine Verankerung im Boden. Die Führer, die aus ihnen hervorgingen, waren weder Befehlshaber noch Chefs, sie waren Diener des Volkes.

Ein wichtiges Ereignis war ausschlaggebend dafür, daß sich noch mehr Leute an der Bewegung beteiligten: Am 29. Mai 1978 unternahmen fast 800 Brüder der Kekchíes aus dem Bezirk einen Marsch auf das Dorf Panzós.

Panzós, ein alter Hafenort am Fluß, befindet sich im äußersten Teil der Franja Transversal del Norte, jener Region, die wir zuvor bereits erwähnten. Sie erstreckt sich vom Bezirk Izabal bis nach Huehuetenango, an der Grenze zu Mexiko, von Ost nach West, quer durch das Land. Dieser Landstreifen gehört zu den nördlichen Abhängen des Hochlandes, die Höhen übersteigen 300 Meter nicht, es handelt sich um eine warme Waldregion mit blauen Flüssen und reichhaltigen Regenfällen. Während einige Teile des Gebietes seit längerer Zeit bewohnt sind, wurden andere wie zum Beispiel Ixcán erst vom Beginn der sechziger Jahre an besiedelt. Funde von Bodenschätzen wie Nickel und Erdöl sowie die generelle Habgier der Finqueros waren jedoch Auslöser dafür, daß es dort zu denselben Agrarproblemen kam, wie wir sie von anderen Teilen Guatemalas gewohnt waren. Der Landraub wurde intensiviert mit dem Ziel, die vertriebenen Campesinos den großen Gütern und Förderindustrien als billige Arbeitskräfte einzuverleiben. Die Genossenschaften, die von der Regierung gefördert worden waren, bekamen keine Kredite und vielfach auch keine staatlichen Eigentumsurkunden mehr.

In Panzós wurde der Druck unerträglich. In diesem Falle handelte es sich nicht um eine neue Besiedlung: Die Kekchíes leben seit Menschengedenken in dieser Region. Von ihrem Land vertrieben, liefen sie jetzt Gefahr, all ihr Hab und Gut zu verlieren. Der Protestmarsch, an dem Frauen und Kinder teilnahmen, war ein Versuch, das Problem auf friedlichem Wege zu lösen, indem man einen Appell an die Gemeindebehörden richtete. An besagtem Tage kamen die Gemeinschaften aus Panzós, Sepón, Secocopo, Cobonchá, Semococh, Rabetzal und anderen Orten zusammen, um dem örtlichen Bürgermeister ein Schreiben bezüglich des Landproblems zu überreichen – mit der Absicht, daß dieser es laut vorlese. Der Bürgermeister war nicht anzutreffen, aber im Gemeindesaal hielten sich 150 Mann versteckt, Kaibiles, Kommandos SWAT und Pistoleros. Sie erwarteten die Demonstranten. Als der Park sich langsam zu füllen begann, hörte man die ersten Detonationen, Kugeln hagelten von den oberen Stockwerken des Palastes herunter, in dem sich die Truppe verbarg. Alle warfen sich auf den Boden, und in diesem Moment begannen die Granaten zu explodieren. Sie richteten unter der wehrlosen Menge ein Blutbad an. Als die Waffen schwiegen, lagen mehr als 100 Menschen leblos am Boden. Andere hatten sich in der aussichtslosen Hoffnung, sich retten zu können, in die Fluten des Flusses Polochic gestürzt, wo sie ertrunken sind. Niemals hat man die genaue Zahl der Opfer feststellen können.

Das Gemetzel war von der höchsten Kommandozentrale der Armee angeordnet worden, der etliche Großgrundbesitzer der Region angehörten. Die Überlebenden zeigten die Ereignisse bei der FASGUA an, einer Gewerkschaftszentrale, der mehrere Organisationen der Campesinos von Panzós zugeordnet waren. Die Nachricht sorgte für tiefe Betroffenheit im Volke. Alle Gewerkschaften, Studenten- und Berufsverbände von Guatemala protestierten. Am 5. Juni erschien in der Presse eine Erklärung, unterzeichnet vom Obersten Ordensvorsteher der Jesuiten in Mittelamerika und Panamá. Darin wurde das unter den eingeborenen Campesinos angerichtete Blutbad bedauert und auf die schwierige Situation hinsichtlich des Landbesitzes Bezug genommen. Was das CUC angeht, so war es, als habe man uns selbst ermordet, so groß war der Schmerz unter den Mitgliedern der Organisation. Am 8. Juni sah man im Zuge einer Demonstration, zu der die AEU aufgerufen hatte, unsere Macheten wieder durch die Straßen der Hauptstadt ziehen. Tausende von Campesinos vereinten sich hier mit anderen Gruppen, um ihrem Abscheu angesichts dieser kriminellen Tat Ausdruck zu verleihen und die Respektierung des Rechtes auf Leben sowie das sofortige Ende der von der Regierung in den Gemeinden ausgeübten Repression zu fordern. Das Landproblem in Panzós blieb ungelöst, und die Armee hielt das Dorf weiterhin militärisch besetzt. Unter den Überlebenden des Massakers setzte jedoch ein Politisierungsprozeß ein, viele traten den Reihen unserer Organisation bei. Das gleiche vollzog sich im ganzen Lande.

Statt uns einzuschüchtern, hatte dieses Blutbad unsere Entschlossenheit nur gestärkt. Wir schufen uns immer neue Instrumente. So publizierten wir jetzt eine kleine Zeitung, *De Sol a Sol,* die auf den Fincas und auf dem Altiplano zirkulierte. Sie entstand im verborgenen und mit Hilfe von Leuten der Kirche und der Universität. Um unseren Leuten die Lektüre zu erleichtern, behandelten wir die Probleme, die es auf dem Land gab, nicht in schwer verständlichen Artikeln, sondern in Comic strips, in denen der eingeborene Tagelöhner Chito seine Abenteuer, Kümmernisse und Geschicke erzählte. Im August erschien unser neues Informationsorgan, *La Voz,* ein weiteres Instrument für unsere Arbeit. Auch die internationale Situation blieb nicht ohne Einfluß. Aus dem Radio erfuhren wir von dem Kampf, der in Nicaragua geführt wurde. Am 23. August 1978 hörten wir, daß die FSLN den Nationalpalast besetzt hatte, die Abgeordneten als Geiseln festhielt und die Herausgabe der politischen Gefangenen forderte. Einen Tag später flogen die Guerilla und die Gefangenen mit heiler Haut nach Panamá aus. Uns wurde klar, daß das Volk nicht immer verliert, wenn es kämpft, und wir erkannten auch, daß es in Guatemala nicht um politische Gefangene geht, sondern um politische Verschollene.

Unsere Aktivitäten weiteten sich aus. Im Oktober solidarisierte sich das CUC mit dem Kampf gegen die Erhöhung der Transportpreise in der Hauptstadt. Damit erweiterten wir den Radius unserer Arbeit über die rein ländliche Problematik hinaus und gingen eine Allianz mit dem städtischen Sektor ein. Am 7. Oktober, einem Samstag, legten zirka 100 Compañeros auf der Straße zwischen Chimaltenango und Sumpango den Verkehr lahm; andere taten es ihnen in der Nähe von Los Encuentros gleich. In Escuintla wurden im Bahnhof und direkt in den Bussen Flugblätter verteilt. Wieder einmal sahen wir, daß unsere Probleme denen der Arbeiter in der Stadt ähnlich waren und daß nur eine Massenbewegung Veränderungen herbeiführen konnte. Andererseits erklärten wir in einer Solidaritätserklärung an das Volk von Nicaragua, daß eine kämpferische Organisierung all unserer ausgebeuteten Sektoren die beste Form sei, es in seinem Kampf zu begleiten. Unsere Sicht auf die Realität erweiterte sich mehr und mehr.

Die demokratische Volksbewegung erreichte ihren Höhepunkt gegen Ende des Jahres 1978 und konnte ihre Stärke das ganze Jahr 1979 über halten – bis zum Streik an der Südküste im Februar 1980. Darüber hinaus wurde die Allianz zwischen städtischen Sektoren und Campesinos dadurch besiegelt, daß sich das CUC dem *Comité Nacional de Unidad Sindical,* CNUS, anschloß, einem breiten Bündnis von Organisationen, das all jene vereinte, die bereit waren, ihre gewerkschaftlichen Rechte zu verteidigen. Die Repression nahm zu, aber die Menschen, die entschlossen waren, ihren Rücken nicht länger hinzuhalten, konnte man nicht mehr aufhalten.

Die konfliktreichsten Gebiete auf dem Land waren die Franja Transversal del Norte und das Altiplano. In beiden Regionen herrschten dieselben Probleme. Die agro-industriellen und Modernisierungs-Projekte forderten die besten Böden und billige Arbeitskräfte. Die Finque-ros strebten eine Ausdehnung ihres Besitzes auf Kosten jener Campesinos an, die dieses Land erst vor kurzem besiedelt hatten, oder aber, wie in anderen Fällen, schon seit Generationen bewohnten. Mit raffinierter Auslegung der Gesetze oder durch Bestechungsmanöver sicherten die Finqueros sich die Unterstützung der Behörden; gleichzeitig setzten sie die Instrumente der Repression gnadenlos ein. Manchmal waren es einzelne Bürger, manchmal Regierungsbeamte oder Offiziere der Armee, die diese Gewalttaten begingen. Selbst die Familie des damaligen Präsidenten Romeo Lucas García eignete sich auf diese Art ausgedehnte Ländereien in Alta Vera Paz und im Petén an. An diesem Gelage hatten auch öffentli-che Körperschaften teil – wie zum Beispiel das *Instituto Nacional de Electrificación,* INDE, das sich an der Enteig-nung der Region Chisec beteiligte, um später dort zum Nutzen der Reichen eine enorme Talsperre zu bauen, oder das INTA, das in die Legalisierung des Landraubes verwickelt war. Auch internationale Unternehmen hat-ten ein Auge auf das Land der Campesinos geworfen, so zum Beispiel Petromaya in Rubelsanto, Petén, oder Exmibal in Izabal.

Zur Krönung – und fast als Provokation zu verstehen – erließ die Regierung Lucas ein Dekret, das die Fälligkeit von Steuern für brachliegendes Land auf den Großlände-reien außer Kraft setzte.

Die Bewegung wuchs, und um der Repression auszu-weichen, schlug sie ungewöhnliche Wege ein. In den Dör-fern wimmelte es nur so von Spitzeln des Feindes, und die Versammlungen, auf denen Entscheidungen bezüg-lich des Kampfes getroffen wurden, mußten geheim oder zumindest doch sehr diskret abgehalten werden. Es wurde das genutzt, was sich gerade anbot. An einem Ort

war es die Laienbruderschaft, anderswo der örtliche Fuß-
ballverein, das Pfarrhaus oder die evangelische Kirche.
Die Feste der Schutzheiligen oder die Markttage boten
Mitgliedern aus verschiedenen Orten Gelegenheiten zu
Treffen und zugleich die Möglichkeit, geheime Propa-
ganda zu verbreiten. Wir suchten uns Kandidaten aus,
präparierten sie für das Verhandeln von Gemeindeange-
legenheiten und sickerten so in die politischen Parteien
ein. In einigen Fällen gehörten alle Kandidaten unserer
Organisation an.

Wir widmeten uns aber auch der Lösung von Problemen anderer Art. In Santa Cruz del Quiché zum Beispiel
tauchten Diebe auf, die stahlen und Frauen vergewaltig-
ten. Das CUC organisierte die Leute, und die Diebe wurden gefaßt und den Ältesten des Dorfes übergeben. Es
fand ein öffentlicher Prozeß statt, und man beschloß, sie
nach der Sitte der Vorfahren zu bestrafen: sie mit einer
chicote auszupeitschen. Wir hatten uns entschieden, sie
nicht an die Polizei auszuliefern, aber die Nachricht
wurde über das Radio verbreitet, und so nahmen Polizisten die Männer fest und brüsteten sich damit. Ähnliches
geschah in anderen Dörfern von Chimaltenango, Chima-
choy und Parrojas, wo zwei Militärkommissare, unterstützt von drei ehemaligen Soldaten, die Campesinos
nicht nur auf der Finca, auf der sie arbeiteten, quälten,
sondern gleichzeitig eine Bande von Dieben anführten,
die auf den Straßen und in Privathäusern Raubüberfälle
veranstalteten. Verschiedene Versuche, diese Leute anzu-
zeigen, schlugen fehl, denn sie genossen die Unterstützung von korrupten Polizisten der Gegend. Aber auch
angesichts dieser Situation ließen sich die Campesinos
nicht einschüchtern: 400 Männer, Frauen und Kinder
sahen sich gezwungen, die Übeltäter selbst festzunehmen und sie den Behörden von San Andrés Itzapa, der
angrenzenden Gemeinde, zu übergeben. Aktionen sol-
cher Art waren von sehr positiver Wirkung, denn sie

kamen den Menschen unmittelbar zugute. Gewöhnlich berücksichtigen die Gerichte die Klagen und Anzeigen der Campesinos, die jeglicher Art von Übergriffen ausgesetzt sind. Indem wir wirksame Formen der Verteidigung unseres Lebens und unseres Besitzes entwickelten, gewannen wir ein beachtliches Ansehen.

Mit Hilfe von Kirchenleuten führten wir Alphabetisierungskampagnen durch, bei denen wir die Diskussion über unsere Situation und mögliche Formen der Gegenwehr vorantrieben. Wir diskutierten die Nachrichten, die die Zeitungen veröffentlichten. Einmal berichtete beispielsweise *El Gráfico* über eine starke Vergiftung, die auf einer Finca in Tequisate, Olga Marina, aufgetreten war. Ein neugeborenes Kind war gestorben, und 28 weitere Personen hatte man ins Krankenhaus bringen müssen. Wir kamen zu dem Schluß, daß dies kein Einzelfall war, sondern symptomatisch für ein generelles Problem: die gesundheitsschädlichen Arbeitsbedingungen. Besonders auf den Baumwollpflanzungen werden große Mengen von Insektiziden eingesetzt; sie werden vom Flugzeug aus versprengt und bleiben auf der Haut der Pflücker kleben. Zudem fanden wir heraus, daß in Guatemala Chemikalien verwendet wurden, die in anderen Ländern verboten waren. Lieferant waren die Vereinigten Staaten. Hier eröffnete sich eine weitere Front des Kampfes.

Im April 1979 trafen wir uns, um nach einem Jahr des organisierten Kampfes Bilanz zu ziehen. Wir verurteilten die Zuspitzung der Repression und erklärten weiter:

»Wir Landarbeiter werden Schritt für Schritt ermordet von denen, die uns von dem Land vertreiben, das wir jahrelang bestellt haben; von denen, die uns einen Hungerlohn zahlen und uns dann ungerechterweise entlassen; von denen, die Grundstücke an sich reißen, die wir noch bis vor kurzem gepachtet hatten. Sie ermorden uns über die Verschuldung, über die BANDESA und die Betrügereien des INTA und des INDE, über die ungerechte Politik des INAFOR, das unsere Wälder an die Mächtigen verschenkt, uns aber nicht einmal Brennholz dort holen läßt. Sie ermorden uns, wenn sie uns auf den Lastwagen zu den Fincas transportieren und wenn sie uns mit den Schädlingsbekämpfungsmitteln vergiften. So töten sie uns Schritt für Schritt, in unserem alltäglichen Leben. (...) Tausende mutige Campesinos, Indios und Ladinos, werden verfolgt; wir werden gefoltert und ermordet, weil wir den Mißbrauch, der mit uns getrieben wird, denunzieren und einen entschiedenen Kampf für unsere Rechte führen. So war es in Panzós, in Contzal, Ixcán, Olopa, in vielen Dörfern der Südküste und an anderen Orten des Landes. In der Hauptstadt verfolgt man die Gewerkschafter, ermordet sie oder zwingt sie, ihr Vaterland zu verlassen. Nicht einmal das unschuldige Leben der Kinder wird respektiert.«

Demgegenüber bekräftigten wir erneut unser Engagement innerhalb des CNUS als Ausdruck der Allianz zwischen Arbeitern und Campesinos und erklärten, daß ausgebeutete Arbeiter ihre Rechte einzig Kraft der Aktionen erobern, die ihre Organisation durchführt, und nicht durch ein Beugen vor den Versprechen, Gesetzen und Betrügereien der Mächtigen.

Erstmals entwarfen wir den Ansatz eines Programms:

1. Recht auf Leben;
2. Recht auf Land: gegen die Darlehensgeber und die Zinsen, die uns die Luft abschnüren;
3. Recht auf Arbeit: gegen die ungerechten Entlassungen, für eine ganzjährige Arbeit, gegen den Raub beim Abwiegen und Abmessen, für eine Bezahlung des siebten Tages und andere Leistungen, die man uns Landarbeitern vorenthält;
4. Recht auf angemessene Preise: gegen die überzogenen Beträge, die die Reichen für Dünger, Insektizide,

Werkzeug und all die anderen Dinge fordern, die wir bei ihnen kaufen;

5. Recht auf angemessene Arbeitsbedingungen: für einen Achtstundentag, für einen guten und sicheren Transport, für gesicherten Wohnraum, Lebensmittel und medizinische Versorgung und gegen die Vergiftungen, die wir durch die Schädlingsbekämpfungsmittel erleiden;

6. Recht auf Kultur: gegen jede Form der Diskriminierung und für die Gleichheit von Indígenas und Ladinos, für eine Ausbildung, die zur Sicherung der Würde von Leben und Arbeit notwendig und nützlich ist, und für die Respektierung der Sprachen und des Brauchtums der Indígenas.

Die Lehre aus jenem ersten Jahr lag auf der Hand. Die einzige Form, der Repression aus dem Wege zu gehen – oder zumindest das Risiko zu vermindern –, war es, gemeinsam zu kämpfen, für die aktivsten Leute Sicherheitsmaßnahmen zu ergreifen und sich niemals allein oder unvorbereitet überraschen zu lassen. Und selbst so blieb die Gefahr groß. Denken wir zum Beispiel an den Fall von San Antonio Aguas Calientes, einem Dorf der Cakchiquelen in der Nähe von La Antigua. Seit langem schon war der Besitzer einer Finca dabei, die Campesinos dort zu belästigen, um sein Eigentum unter allerlei gesetzlichen Vorwänden, aber auch mittels Nötigung zu vergrößern. Eines Sonntags schoß einer der Männer des Finqueros von einem Pritschenwagen aus auf eine Patrouille der Dorfleute. Da sie sich angegriffen sahen, versammelten sich mehr als 1000 Campesinos im Park; einige blieben dort, andere begaben sich zu der einen Kilometer entfernt liegenden Finca. Sie entführten alle dort Anwesenden und steckten vierzehn Zimmer, ein Auto und eine Scheune in Brand. Während dessen bereitete sich, das Eingreifen der Ordnungskräfte voraussehend, im Dorf der Rest der Campesinos vor; sie errichteten Barrikaden aus Baumstämmen und zogen Gräben, um die Fahrzeuge aufzuhalten. Der erste Polizeiwagen, der ankam, wurde mit Steinen beworfen und in Brand gesteckt. Um sich zu schützen, schlossen sich die Campesinos zusammen mit den Gefangenen im Rathaus ein. Aus der Hauptstadt wurde Verstärkung geschickt: Geheimpolizei, Anti-Aufstandskommandos und Sonderkommandos; aber erst durch die Vermittlung einiger Franziskanermönche konnte Frieden erzielt werden. Nachdcem man ihnen Garantien gegeben hatte, ließen die Campesinos die Geiseln frei und zogen sich widerstandslos zurück. Kurze Zeit darauf nahm die Polizei 20 an den Ereignissen völlig unbeteiligte Personen fest. Dies war kein Einzelfall. Wenn es nicht möglich war, die treibenden Kräfte der Protestbewegung festzustellen, so traf die Repression undifferenziert von nichts wissende Unbeteiligte.

Der Internationale Tag der Arbeit wurde im Jahr 1979 in einem Klima des Terrors begangen, aber auch mit Kampfgeist und Entschlossenheit. 30 000 Personen marschierten in der Demonstration, unter striktester Kontrolle der Sicherheitskräfte. Anders als in den Vorjahren, in denen wirtschaftlichen und sozialen Forderungen Ausdruck verliehen worden war, war die Demonstration dieses Jahres gekennzeichnet durch die Verurteilung und Ablehnung der Repression sowie durch Selbstverteidigungsmaßnahmen, die getroffen worden waren, um das Leben der Teilnehmer zu schützen. In unserer Erklärung zu jenem Tage stellten wir dar, wie wir die Allianz zwischen Arbeitern und Campesinos auffaßten. »In unseren Adern fließt das gleiche Blut«, sagten wir. »Die Arbeiter sind aus uns hervorgegangen, gestern erst haben sie unsere Dörfer und Weiler verlassen, viele sind Indígenas und tragen unsere Namen. Sie sind mit dem Lande verwachsen, also können wir einander verstehen. Die Arbeiter arbeiten nicht mehr im Regen oder unter der Sonne, deshalb wird ihre Haut weniger strapaziert; statt dessen werden aber ihre Lungen, ihre Leber, ihre Nerven strapaziert, denn die Arbeitgeber rauben ihnen genauso die Kräfte wie uns Campesinos.« Im Anschluß daran untersuchten wir den Unterschied zwischen den Produktionsweisen und erinnerten daran, daß es in einem Punkt keinen Unterschied gibt, daß wir alle eine spürbare Bedingung erfüllen: Wir werden ausgebeutet. Aufgrund dieser unwiderlegbaren Analyse der Situation schlugen wir die Organisation einer großen Bewegung vor, vereint und kämpferisch bis zum Ende der Ungerechtigkeiten.

Die folgenden Monate waren durch eine Verschärfung der Repression und andererseits die Konsolidierung der Bewegung gekennzeichnet. Im Juli erfüllte die Nachricht vom Triumph der Sandinistischen Revolution in Nicaragua unsere Herzen mit Freude. In unserem Land jedoch verschlechterte sich die Lage weiterhin. An der Küste nahm die Zahl der Entlassungen zu, und die Löhne sanken; es gab Fincas, auf denen man nicht einmal einen Quetzal pro Tag verdiente, was zu jener Zeit einem Dollar entsprochen hätte. Im Norden waren jene, die das Pech hatten, auf dem Gebiet der Franja zu leben, aller Art von Übergriffen ausgesetzt. In Panzós wurde nach dem Massaker eine moderne Militärbasis erbaut, ausgestattet mit einer Landepiste. In Cobán wurde eine Militärzone eingerichtet – mit dem alleinigen Zweck, die mit dem Landbesitz zusammenhängenden Konflikte zu kontrollieren. Die Region um Chisec wurde unter militärische Kontrolle gestellt, ebenso San Miguel Uspantán und das Triángulo Ixil (Nebaj, Cotzal und Chajul), wo ungefähr 3 000 Soldaten die Berge und Dörfer besetzten, ein Aufgebot, das unter der Bevölkerung Panik und Schrecken verbreitete.

Am 25. September erprobten einige Campesinos aus Uspantán eine neue Form des Kampfes: Dem starren legislativen Protokoll die Stirn bietend, gingen sie ins Parlament, um die Zunahme der repressiven Maßnahmen in ihrem Dorf anzuklagen. Die Gruppe, die aus Frauen, Kindern und Männern bestand, kam, um den friedlichen Charakter ihrer Aktion zu symbolisieren, mit Blumen. Der Empfang, den man ihnen bot, war jedoch alles andere als freundschaftlich. Sie traten in das Halbrund, und einer der Campesinos begann, ein Dokument vorzulesen. Aber er wurde von den Wachbeamten unterbrochen, und ein Abgeordneter der selbsternannten Revolutionspartei beschimpfte ihn, ja, verweigerte ihm das Recht zu sprechen. Die Gruppe mußte sich in einen anderen Saal begeben, wo sie schließlich vor Abgeordneten aus allen Reihen die Entführung von neun Bewohnern des Dorfes denunzieren konnte. Da sie sahen, daß eine schwierige Situation entstanden war, erbaten die Campesinos anschließend den offiziellen Schutz des gesetzgebenden Organs. Man begleitete sie bis zur Kreuzung zwischen der Vierten Allee und der Neunten Straße, aber als die Abgeordneten sich zurückgezogen hatten, erschienen Fahrzeuge der Sicherheitskräfte der Regierung und nahmen die Verfolgung auf. Das zwang die Campesinos, im Sitz der Gewerkschaft Luz y Fuerza Schutz zu suchen, aber noch ehe sie dorthin gelangten, wurden schon fünf Universitätsmitglieder, die sie begleitet hatten, festgenommen. Stück für Stück wurde der Handlungsspielraum eingeschränkt.

Im Oktober schickte das CUC anläßlich der bevorstehenden Verabschiedung eines neuen Arbeitsgesetzes einen offenen Brief an den zuständigen Minister, Dr. Carlos Alarcón Monsanto. Erneut legten wir unsere Forderungen dar: Warum läßt die Behörde zu, daß die Entlassungen auf den Fincas weitergehen? Warum zerstört sie die Gewerkschaften? Warum erhalten wir Voluntarios und Cuadrilleros keinen Pfennig Entschädigung? Warum bekommen wir keine Sonderzulagen und noch viel weniger bezahlten Urlaub? Warum haben wir kein Recht auf Sozialversicherung? Warum gibt man uns keine angemessene Ausrüstung? Warum ist es uns verboten, während der Erntezeiten zu streiken? (Dieses Recht gesteht man uns zu, wenn wir keine Arbeit haben: Eine zynischere Verhöhnung ist kaum vorstellbar.) Wird das neue Gesetz die Situation verändern? Warum fragt man uns Campesinos, die wir mit unserem Schweiß den größten Teil des Reichtums im Lande produzieren, nicht nach unserer Meinung? Warum unterdrücken uns in so vielen Regionen die Militärs und behandeln uns, als seien wir Verbrecher? Dies sind nur einige der Fragen, die wir stellten: Alle blieben unbeantwortet.

Im November prangerte die *Frente Democrático Contra la Represión,* FDCR – eine breite Organisation, die im März 1979 entstanden war und an der sich Gewerkschaften, Universitäts- und Berufsgremien, Vereinigungen zur Verteidigung der Menschenrechte sowie das CUC selbst beteiligten – in einer Erklärung die neuen Bluttaten im Bezirk Chimaltenango und in El Quiché an. In Zaragoza, in Comalapa, in Nebaj, in Cunen, in Uspantán und in anderen Dörfern wurden die Indígenas Opfer von Durchsuchungen, Kontrollen, Drohungen, Opfer aller Arten von Willkür seitens der Armee, der Nationalpolizei, der Guardia de Hacienda, der Sicherheitspolizei und anderer Repressionseinheiten, die zu jeder Tages- und Nachtzeit in die Häuser eindrangen, raubten und die Ehre der Frauen verletzten. Die Repressionskräfte verfügten über Listen der Mitglieder von konsequenten Volksorganisationen. Nach diesen Menschen suchten sie, um sie zu entführen. Außerdem hatte die FDCR Kenntnis davon, daß Mitglieder der ehemaligen Garde Somozas aus Nicaragua sich im Lande aufhielten und in Komplizenschaft mit guatemaltekischen Schergen gegen die Bevölkerung Front machten.

Das Massaker in der spanischen Botschaft und der Streik an der Südküste

Im Dezember 1979 konnten zwei der in Uspantán Entführten entkommen und über die Folter, der man sie ausgesetzt hatte, berichten. Zur gleichen Zeit forderte die Armee die Bevölkerung des Nordens von El Quiché auf, sich nach Chajul zu begeben, wo sie der Bestrafung einiger Guerilleros beiwohnen sollte; das Dorf war von mehr als 500 Soldaten belagert, die die Leute gezwungen hatten, ihre Häuser zu verlassen. Am 7. Dezember wurden die sieben Campesinos öffentlich zur Schau gestellt, als Soldaten gekleidet, gemartert, aber noch am Leben. Vor der bestürzten Menge schilderte ein Offizier die Qualen, die jene Unglücklichen erlitten hatten, bis ins kleinste Detail: Ausreißen von Fingernägeln, Elektroschocks, Durchbohren mit Nadeln, Verbrennungen und andere Grausamkeiten. Ihre Körper waren verschwollen, die Wunden entzündet. Als dieser Vortrag – eine Warnung an die Leute, sie sollten jegliche Art des Widerstandes unterlassen – beendet war, übergossen Soldaten die Körper der Campesinos mit Benzin und verbrannten sie bei lebendigem Leibe.

Die Grausamkeiten des Militärs nahmen kein Ende. Deshalb zogen ab Mitte Januar erneut Gruppen organisierter Campesinos in die Hauptstadt – in der Absicht, den Abzug der Armee aus ihren Gemeinden durchzusetzen und zu erreichen, daß man sie in Frieden leben lasse. Inmitten eines Klimas der Hoffnungslosigkeit unternahmen mehr als 100 Brüder, Indígenas aus Uspantán, Chajul, Cotzal und Nebaj, alles in ihrer Macht Stehende, um sich Gehör zu verschaffen. Aber weder die Behörden noch die Medien hörten sie an, letztere, weil sie selbst mögliche Repressalien befürchteten. Die Regierung warf den Brüdern vor, Guerilleros zu sein, und drohte, sie entsprechend zu behandeln. Trotzdem suchten die Campesinos die Volksorganisationen, die Universität, verschiedene Institute, die fortschrittlichen politischen Parteien und viele Landgemeinden auf und erreichten zumindest, daß sich eine Solidarisierung entwickelte. Einige boten konkrete Hilfe an und wurden brutal ermordet – wie Dr. Abraham Ixcamparic von der *Frente Unido de la Revolución,* FUR.

Als alle Türen verschlossen blieben und den Zeitungen für den Fall, daß sie etwas veröffentlichten, Strafen angedroht wurden, beschloß eine Gruppe von Ixiles und Quichés, begleitet von Brüdern anderer Stämme sowie einigen Arbeitern und Studenten, sich bei den Völkern der Welt Gehör zu verschaffen. Zu diesem Zweck besetzten sie friedlich die spanische Botschaft. Am 31. Januar 1980, um elf Uhr, betraten 28 Personen, Männer und Frauen, geordnet die diplomatische Niederlassung. Im Gebäude trafen sie den Botschafter, Beamte und zwei Besucher an, den ehemaligen Vizepräsidenten Ricardo Cáceres Lenhoff und den ehemaligen Staatssekretär Alfredo Molina Orantes. Die Campesinos machten den Anwesenden den friedlichen Charakter der Besetzung deutlich und forderten nichts als die Vermittlung der spanischen Botschaft. Mit ihrer Unterstützung solle erreicht werden, daß eine Untersuchungskommission die von der Armee besetzten Dörfer besuche. Sowohl der Botschafter als auch seine Besucher bekundeten Verständnis und Akzeptanz für dieses Anliegen.

Wenige Minuten nachdem die Besetzung der Botschaft bekannt geworden war, sandte die Regierung eine zirka 400 Mann starke Truppe, bestehend aus Angehörigen der Sicherheitspolizei, des Kommandos »Modelo« und anderer Polizeieinheiten. Umgehend wurde das Gebäude umstellt. Während dessen diskutierten der Oberste Befehlshaber der Armee und der Präsident über die zu treffenden Maßnahmen. Vor allem mußten sie die Tatsache in Betracht ziehen, daß sich prominente ehemalige Beamte der Regierung sowie der Botschafter selbst in dem Gebäude aufhielten. Wenn man jedoch die Besetzung länger duldete, würde das schnell ans Licht der nationalen und internationalen Öffentlichkeit dringen und einen entsprechenden Ansehensverlust für die Armee mit sich bringen. Politisch gesehen, war es notwendig, von dem Geschehen abzulenken. Eine Räumung mit den traditionellen Gewaltmitteln kam vor allem auch deshalb nicht in Frage, weil man die Besetzer nicht würde daran hindern können, ihre nicht gerade sanften Erklärungen abzugeben. Die Alternative bestand darin, alle in der Botschaft befindlichen Personen, einschließlich des Botschafters und der ehemaligen Beamten, umzubringen. Wie später bekannt wurde, war es Präsident Romeo Lucas García selbst, der dem Innenminister Donaldo Alvarez Ruiz und dem Polizeichef Germán Chupina den Befehl gab, auf diese Weise vorzugehen.

Als die Sicherheitskräfte spanischen Boden betraten, forderten sowohl die Besetzer als auch der Botschafter und die ehemaligen Regierungsbeamten deren Rückzug. Niemand habe diese Intervention angefordert, und man sei zudem im Begriff, zu einer Einigung zu kommen. Um 14.15 Uhr begannen Spezialkommandos, die Türen und Dachfenster des Botschaftsgebäudes einzuschlagen. Angesichts dieses Vorgehens erbaten die Besetzer das Eingreifen des Roten Kreuzes, dessen Beamte sich jedoch weigerten. Um 15 Uhr war es den Kommandos gelungen, die Tür aufzubrechen; die erste chemische Brandbombe war bereits geworfen. Genau diesen Moment nutzte der Botschafter Máximo Cajal, um aus dem Gebäude zu entkommen, wobei er sich allerdings schwere Verbrennungen zuzog. Dann wurde die Tür geschlossen. Rauch und Flammen drangen nach draußen, später einige Stichflammen. Man hörte die Schreie, und dann war es still. Zwölf Minuten nach drei war alles vorbei: 39 leblose Körper – darunter die der ehemaligen guatemaltekischen Regierungsbeamten und der Botschaftsangestellten – fand man in dem Gebäude vor. Einen Überlebenden gab es, Gregorio Yujá; der Botschafter, der um Yujás Leben fürchtete, bat darum, daß sie beide in dasselbe Krankenhaus eingeliefert würden.

Noch in derselben Nacht ließ der Präsident folgende Version verbreiten: Ein paar Terroristen hätten die spanische Botschaft eingenommen, und auf Bitten der Botschaft hin habe man die Sicherheitskräfte zu Hilfe geschickt. Als sie sich umstellt sahen – so hieß es –, hätten die Terroristen einen Molotow-Cocktail geworfen, der gegen eine Säule geschlagen und so im Innern des Gebäudes explodiert sei. Diese Explosion habe den Tod aller Besetzer verursacht.

Trotz aller Unstimmigkeiten – ein Molotow-Cocktail kann nicht innerhalb von zwölf Minuten 39 Personen töten, ohne zugleich einen großen Brand zu verursachen, während chemische Brandsätze bekanntermaßen eben genau so wirken – hätte diese Version die Bevölkerung in die Irre leiten können, wären da nicht die beiden Zeugen gewesen, die entgegen allen Plänen am Leben geblieben waren. Das Problem Gregorio Yujá wurde sehr einfach gelöst. Nach Einbruch der Dunkelheit hat man ihn – unter den Augen des starken Polizeikontingentes, das ihn in der Klinik Herrera Llerandi bewachen sollte – entführt. Er wurde durch einen Schuß in die Schläfe hingerichtet, und man warf seinen Leichnam vor das Rektoratsgebäude der San-Carlos-Universität. Der Fall des Botschafters lag komplizierter, und es begannen Gerüchte zu kursieren: Er sei Komplize der Terroristen gewesen, erst eine Woche zuvor sei er aus El Quiché zurückgekommen; er habe den ehemaligen guatemaltekischen Vize-präsidenten absichtlich zu diesem Zeitpunkt eingeladen, um die Aktion zu decken. Die physische Unversehrtheit des Diplomaten war derart bedroht, daß er sich entschloß, im Hause des Botschafters der Vereinigten Staaten Zuflucht zu suchen. Dort blieb er bis zu dem Tage, an dem er das Land verließ. Nie hat man ihm das Recht zugestanden, auf die Anschuldigungen, die in der Presse gegen ihn erhoben wurden, zu antworten. Am 2. Februar, als die Opfer beerdigt wurden, gingen Zehntausende auf die Straße, um ihrem Abscheu angesichts der Gewalt der Regierung Ausdruck zu verleihen. Obwohl die Polizei wiederum Terror ausübte und versuchte, Unruhe zu stiften, indem sie um sich schoß und zwei weitere Personen ermordete, demonstrierte das Volk, vereint in einem geordneten Zug, seinen Zorn.

Unseren Bruder Gregorio Yujá begruben wir Tage später auf dem Gelände der Universität, weil die Behörden verboten hatten, daß seine Beerdigung auf einem öffentlichen Friedhof stattfinde. Der Ort, an dem er begraben liegt, heißt seitdem »Platz des 31. Januar«.

Der Abscheu kam aber auch auf andere Weise zum Ausdruck. Es gab Arbeitsniederlegungen in Fabriken, auf Fincas und in Banken; Lieferwagen wurden angezündet, Zuckerrohr und Baumwolle in Brand gesteckt; auf den Straßen wurden Barrikaden errichtet und Reißnägel gestreut; Fahrzeuge und Gebäude der Regierung wurden beschädigt, Wände mit Parolen versehen, Flugblätter verteilt. Mit solchen und ähnlichen Reaktionen zeigten wir, daß das Andenken an unsere Toten nur in Form unerschrockener Kämpfe lebendig bleibt.

Am 24. Februar versammelten sich zirka 150 Vertreter verschiedener eingeborener Völker Guatemalas, um das bestialische und feige Massaker gemeinsam zu verurteilen. An diesem Treffen nahmen Delegationen der Demokratischen Front gegen die Repression, des CUC, der

Arbeiterföderation Guatemalas, FTG, der Studenten-
front Robín García, FERG, des Komitees für Gerechtigkeit und Frieden, CpJP, und Journalisten teil. Um unsere
Ideen publik zu machen, veröffentlichten wir ein Manifest mit dem Titel DIE EINGEBORENEN VÖLKER GUA-
TEMALAS AN DIE WELT. Es wurde als »Erklärung von Ixi-
miché« bekannt. In diesem Manifest zeigten wir auf, daß
die Wurzeln unseres Leidens in der Kolonialherrschaft liegen, und erläuterten die Notwendigkeit des Kampfes »für
eine Gesellschaft in Gleichheit und Respekt. Damit unser
Volk von Indios seine durch die kriminellen Invasoren zerstörte Kultur wieder entfalten und leben kann; für eine
gerechte Wirtschaft, in der keiner den anderen ausbeutet;
damit das Land wieder Gemeinschaftsbesitz wird, so, wie
es bei unseren Vorfahren war; für ein von Diskriminierung
freies Volk; damit die Verschleppungen in die Kasernen
ein Ende haben; damit wir bei der Arbeit gleichberechtigt
sind; damit wir nicht länger als Tourismus-Objekte
benutzt werden; für eine gerechte Verteilung und gleich-
berechtigte Nutzung unseres Reichtums – wie zu den Zeiten, als das Leben und die Kultur unserer Großväter in
ihrer Blüte standen.« Um den Niederträchtigkeiten ein
Ende zu setzen – führten wir aus –, sei es erforderlich, die
Einheit und Solidarität zwischen Indios und Ladinos zu
stärken: eine Solidarität, die mit dem in der Botschaft
erbrachten Opfer besiegelt worden war. Schließlich ver-
wiesen wir darauf, daß man uns als Terroristen, Kommunisten, Verbrecher und Guerilleros bezeichnen würde, daß
ungeachtet dessen die Würfel aber gefallen seien.

Daß wir uns in so breiter Front kampfbereit zeigten,
blieb nicht ohne Auswirkungen. Während eine Delegation von Compañeros sich der internationalen Arbeit
widmete, indem sie das Ausland über das Blutvergießen
informierte, war die Südküste in der letzten Februar- und
der ersten Märzwoche Schauplatz des mächtigsten
Arbeitskampfes in der Geschichte Guatemalas. Die

Bewegung hatte sich seit langem vorbereitet, und die Ereignisse in der Botschaft hatten den letzten Anstoß gegeben.

Im Dezember bereits war es zu Unruhen wegen des neuen Arbeitsgesetzes gekommen. An seiner Ausarbeitung waren drei Vertreter des Arbeitsministeriums, zwei Berater aus regierungstreuen Gewerkschaften und neun Vertreter der Arbeitgeber und ihrer Verbände beteiligt gewesen. Schon im Oktober hatten wir beanstandet, daß man uns nicht konsultierte, weder das CNUS noch irgendeine andere Volksorganisation. Den Leuten begann bewußt zu werden, daß die Reichen ihre eigenen Gesetze machen, um ihre Interessen zu verteidigen. Die Veränderungen, die in dem neuen Gesetz festgelegt wurden, schränkten unsere Rechte noch weiter ein; gesetzliche Kniffe erschwerten die gewerkschaftlichen Aktivitäten ebenso wie die Verhandlungen über einheitliche Löhne; das Recht, sich zu organisieren, wurde beschnitten. Die Gesundheit und Sicherheit der Arbeiter fanden in dem neuen Gesetz keinerlei Berücksichtigung. Vielmehr schien es ein Instrument zur Legalisierung der Repression zu sein. So übertrugen die Kommissionen der Arbeiter und Campesinos während eines Treffens der Volksorganisationen am 8. und 9. Dezember 1979 dem CNUS die Erarbeitung eines alternativen Gesetzes sowie die verantwortliche Leitung des Kampfes gegen die Annahme des vorliegenden Entwurfes.

Wir unsererseits begannen, Flugblätter zu verteilen und in allen Dörfern der Südküste Parolen zu sprühen; wir forderten einen Lohn von fünf Quetzales pro Quintal Baumwolle beziehungsweise für die entsprechende Menge eines anderen Produktes oder einer anderen Arbeit. Der Lohn, der damals gezahlt wurde, lag bei 1,12 Quetzal. Um unsere Forderung zu begründen, erarbeitete das CUC eine Aufstellung über den Nahrungsmittelbedarf einer fünfköpfigen Familie und veröffentlichte sie in Nr. 33–34 von *De Sol a Sol:*

	Kosten in Quetzal
Täglicher Bedarf pro Person	
6 Unzen Frijol	0,10
4 Unzen Reis	0,08
2 Brote	0,06
1 Löffel Fett	0,04
2 Löffel Zucker	0,01
1 Banane	0,03
1 Unze Kaffee	0,02
10 Tortillas	0,10
gesamt	0,44
für fünf Personen	2,20
Wöchentlicher Bedarf für fünf Personen	
Tomaten	1,00
Salz und Chili	0,90
Zwiebeln	0,50
Kalk für Nixtamal	0,50
Zimt	0,25
Seife	0,35
Gas	1,25
Kerzen	0,70
1 Tarea Brennholz	4,50
Kleidung	1,50
gesamt	11,85
pro Tag	1,70
Täglicher Bedarf für fünf Personen	3,90

Addierte man zu diesem Betrag noch die Kosten für all die anderen Dinge, die in jeder Familie gebraucht werden – Hausgeräte, Schuhe, Medizin, Macheten, Feilen, Hakken, Bleistifte, Hefte, kleine Vergnügungen und anderes mehr –, so kam man zu jener Zeit (1980) auf ein Minimum von fünf Quetzales täglich; 1 Quetzal = 1 Dollar.

Auf der anderen Seite wurde im Januar bekannt, daß der Ertrag der Zuckerrohr-, Baumwoll- und Kaffee-Ernte wesentlich steigen und man eine größere Menge an Devisen erwirtschaften würde als in den Vorjahren, denn die Nachfrage stieg. Den in Nr. 37 der *Noticias de Guatemala* veröffentlichten Angaben zufolge war der Zuckerpreis in New York innerhalb des Jahres 1979 von acht Centavos pro Libra auf 23,80 gestiegen, der Baumwollpreis von 65 Dollar pro Quintal auf 88. Parallel dazu war die Kaufkraft des Quetzal zwischen 1972 und 1979 um 45 Prozent gesunken. Neben der wirtschaftlichen Situation hatte aber auch die in den Jahren zuvor geleistete Bewußtseinsarbeit den Boden für die Aktion bereitet. Der Streik erforderte einen gewaltigen Aufwand an organisatorischen Vorbereitungen. Man wählte eine Finca aus, auf der die Bewegung ihren Anfang nehmen sollte, und nur Leute des CUC gingen dorthin, um zu arbeiten.

Am 18. Februar schließlich begannen wir Zuckerrohrschneider der Finca Tehuantepec in Santa Lucía Cotzumalguapa mit einer Arbeitsniederlegung, an der 700 Arbeiter – Voluntarios, Cuadrilleros, Indios, Ladinos, Männer, Jugendliche und Frauen – teilnahmen. Wir forderten fünf Quetzales. Der Gutsverwalter machte sich über uns lustig; er hielt das Ganze für einen Scherz und ging davon aus, daß wir die Sache noch einmal überdenken und schließlich wieder an unsere Arbeit zurückkehren würden. Am nächsten Tag jedoch, am 19. Februar, standen wir alle kampfbereit da, zum Weitermachen entschlossen. Wir formierten uns zu einem Demonstrationszug und gingen auf die benachbarten Fincas, um den Streik dorthin auszuweiten. So erreichten wir, daß die Arbeiter der Fincas Florencia, Cristóbal und La Guanipa sich uns anschlossen.

Um die Arbeiter zu ermutigen, stimmten wir immer wieder Sprechchöre an: DURCH UNSEREN KAMPF UND ORGANISATION BEKOMMEN WIR DIE FÜNF QUETZALES SCHON. So sprang der Funke über. Entlang unseres Weges applaudierten uns die Menschen und reichten uns Erfrischungen. Im Laufe der folgenden Tage schlossen sich uns die Arbeiter mehrerer Fincas und Zuckerrohrpflanzungen und -verarbeitungen an. Am Montag, den 25. Februar befanden sich schon mehr als 60 Fincas im Streik. Einige Cuadrilleros mußten in ihre Dörfer zurückkehren, weil sie keine Lebensmittel hatten, aber weitaus mehr hielten dem Hunger stand und blieben, fest entschlossen, bis zum Triumph zu kämpfen.

Um dem Streik Nachdruck zu verleihen und unsere Entschlossenheit zu demonstrieren, begingen wir Sabotageakte: stachen Reifen kaputt, hielten mit Zuckerrohr beladene Lastwagen an und steckten sie in Brand oder schickten sie zurück. Außerdem stoppten wir die Busse, die Arbeiter transportierten, und versuchten, diese für unseren Kampf zu gewinnen. Hier und da gingen auch Baumwollbündel oder geschnittenes Zuckerrohr in Flammen auf.

Die Arbeitsniederlegungen dehnten sich auf die Zuckerrohrverarbeitung aus, teilweise weil es kein Zuckerrohr mehr gab, vor allem aber weil die Arbeiter sich mit uns solidarisierten und sich unserer Bewegung anschlossen. Der Streik weitete sich von Santa Lucía auf Escuintla aus, wo die Verkäuferinnen ihren eigenen Kampf führten und den unsrigen unterstützten; von dortaus griff er auf die Baumwoll- und Kautschuk-Fincas über und umfaßte schließlich, am 28. Februar, 15 000 Arbeiter dieser Produktionsbereiche. Als der Monat zu Ende ging, befanden sich 80 000 Arbeiter entlang der gesamten Küste im Streik; die Frauen in vorderster Linie, die Machete in der Hand.

Einmal mehr mußte unsere Kampfbereitschaft sich der Repression der Mächtigen entgegenstellen. Die militärische Bereitschaftspolizei, das Kommando »Modelo«, die Sicherheitspolizei und Soldaten der Militärbasis von Puerto de San José versperrten die Wege und unternahmen alles, um uns zum Rückzug zu bewegen. Eine Gruppe von Compañeros, die sich bei Km 90 in Santa Lucía versammelt hatten, wurde mit Tränengas angegriffen. Aber sie verteidigten sich mit Steinen, Stöcken und Macheten, und zeitweise gelang es ihnen, den Feind zurückzutreiben.

Auf der Finca Cerritos und in der Fabrik La Papelera, Escuintla, bedrohte der Chef der PMA, der Verbrecher Abadilla, die Arbeiter höchstpersönlich, indem er – kaum aus einem Hubschrauber gestiegen – mit seinem Maschinengewehr um sich schoß. Als er die Fabrik betreten wollte, schlossen sich die Reihen der Campesinos; die Machete in der Hand, kreisten sie ihn Stück für Stück ein und zwangen ihn so zum Rückzug. Später bedrohte General Germán Chupina, ein Mörder von schrecklichem Ruf, die Arbeiter von La Papelera, indem er ihnen ankündigte, er werde sie mit einem Kugelhagel auseinanderjagen. Die Campesinos ließen sich keine Angst machen und versicherten, in diesem Falle würden sie sich gezwungen sehen, die Kessel in die Luft zu jagen und auf diese Weise eine stattliche Anzahl der Polizeischergen zur Hölle zu schicken. Das einzige, was sie schließlich veranlassen konnte herauszukommen, war die Drohung, andernfalls würden einige unserer Mitglieder, die in Gefangenschaft geraten waren, ermordet.

In der Zuckerrohrverarbeitung Pantaleón – Eigentum der Familie Herrera, der der damalige Minister für Auswärtige Angelegenheiten angehörte – wurde ein Bruder, ein Arbeiter, ermordet, aber noch an Ort und Stelle konnten wir einige seiner Henker bestrafen.

Während unsere Delegierten sich mit dem Arbeitsminister und der Arbeitgebervereinigung trafen, um zu verhandeln, setzten sich die Finqueros mit der Armee zusammen, um zu beratschlagen, wie sie uns niederkämpfen könnten. Sie schleusten *Orejas,* Spitzel, in die Bewegung ein, um an Daten über unsere Organisation zu kommen und die aktivsten Personen zu identifizieren. Unter dem Vorwand, sie wollten uns legalisieren, forderten sie uns auf, Mitgliederlisten zu erstellen, die wir selbstverständlich niemals übergaben. Außerdem investierten sie Tausende von Quetzales in bezahlte Zeitungskampagnen, in denen sie Falschmeldungen verbreiteten. Wir hatten zwar einige Journalisten auf unserer Seite, aber sie waren derart verängstigt, daß die wenigsten Medien sich dazu entschlossen, unsere Erklärungen zu veröffentlichen. Trotz allem drang die Nachricht von unserem Kampf in die internationale Presse vor, und wir erhielten Kenntnis davon, daß demokratische Regierungen und Journalisten sich engagierten, um ein großes Blutbad zu verhindern.

Die Ausdehnung und die Kraft des Streiks an der Südküste bereiteten der Regierung großes Kopfzerbrechen, und tagelang mühten ihre Beamten sich ab, eine Formel zu finden, die die Massen hätte beruhigen und zur Rückkehr an die Arbeit bewegen können.

Mit dieser Intention kündigte das Arbeitsministerium am 3. März mit großem publizistischen Aufwand an, der Mindestlohn für die Zuckerrohr-, Baumwoll- und Kaffee-Arbeiter werde per Regierungsabkommen auf 3,20 Quetzales festgesetzt. Am 4. März unterstrich das CUC in einer Erklärung, daß die Reichen und die Regierung sich gezwungen gesehen hatten, den ersten Schritt unseres Kampfes anzuerkennen. Aber – so fuhren wir fort – dieser Lohn ist nicht ausreichend, und wir machen weiter.

Am 5. März wurde die Arbeit wieder aufgenommen: Der Ausstand hatte 17 Tage gedauert. Seine Bedeutung hatte nicht allein in der Zahl der beteiligten Arbeiter gelegen, sondern auch in Tatsachen, die eine qualitative Veränderung der Volkskämpfe zum Ausdruck brachten.

Einerseits waren in den Auseinandersetzungen mit den Kräften von Militär, Polizei und im Dienste der Finqueros stehenden bewaffneten Banden Kampfgeist und Mut zutage getreten. Andererseits war die Beteiligung der Indígenas in vorderster Linie der Auseinandersetzungen herausragend gewesen. Der Grad des Bewußtseins und die Bereitschaft unserer Leute, die Identifizierung mit den Agrararbeitern des Südens (wie im Falle von La Papelera) – damit hatten wir deutlich Stärke demonstriert. Ein Ereignis, das die Finqueros nicht so schnell vergessen sollten. Die Machete, ein Instrument zur Erarbeitung des Lebensunterhaltes, hatte sich in ein Werkzeug zur Verteidigung des Lebens selbst verwandelt. Der Cuadrillero, sanftmütiger Tagelöhner in den Fängen der Finqueros, hatte aufgehört, unfreiwillig die Rolle des Streikbrechers zu spielen, und sich voll und ganz auf den Klassenkampf eingelassen. Dem hohen Reifegrad, den die Bewegung erreicht hatte, war es zuzuschreiben, daß Provokationen vermieden und die Zahl der Opfer niedrig gehalten worden waren. Es waren Wachkomitees aufgestellt worden, die die Aufgabe hatten, jegliche Auseinandersetzung mit Polizei- und Militärkräften zu verhindern und die Beteiligung von fremden Personen an Versammlungen zu kontrollieren. Die Rückkehr an die Arbeit vollzog sich entlang der ganzen Südküste gleichzeitig und koordiniert – ein weiteres Zeichen dafür, wie intakt unsere Organisation war.

Wir wollen hier noch die Meinung eines Leitartiklers wiedergeben, der während jener Tage auf die neue, von den arbeitenden Massen gezeigte Haltung Bezug nahm: »Wir stehen einer völlig andersartigen Situation gegenüber, Akteuren, die sich grundlegend von jenem Indígena unterscheiden, der seinen Sombrero abnimmt, ihn sich voller Sanftmut vor die Brust hält und seinen Arbeitgeber im Namen Gottes um ein paar Centavos bittet.« (*La Nación*, 27. Februar 1980)

Die Zuspitzung der Repression und die Zerschlagung der Bewegung

Zur selben Zeit, als sich die Regierung Lucas García mit dem Volk um die Erhöhung des Mindestlohnes stritt, massakrierten Mitglieder der Nationalarmee am 3. März wehrlose Campesinos in Nebaj, El Quiché. Die Bilanz: zehn erschossene Männer und Frauen. Auf dieses Massaker folgte am 4. März das von Rio Negro, Rabinal, in Baja Vera Paz, wo die Armee weitere sechs Personen tötete.

Was folgte, war die Repression gegen die kirchliche Arbeitsgruppe an der Südküste sowie gegen die aktivsten unserer Mitglieder. Es gab Compañeros, die aus dem Krankenhaus entführt und vor den Augen ihrer Familien massakriert wurden. Und schnell bemerkten wir, daß die Finqueros die Zahlung des neuen Mindestlohnes rundheraus ablehnten. Die hohen Militärs beruhigten sie, indem sie ihnen sagten, niemand werde sie zwingen, die Zahlung zu leisten.

Am 13. März veröffentlichte das CUC eine Erklärung, in der es die Repressalien und die Unregelmäßigkeiten bei den Zahlungen verurteilte. »Wir fordern«, so sagten wir, »daß der Mindestlohn von 3,20 Quetzales eingehalten wird. Eine Entlohnung auf der Basis von verschiedenen Tareas, Kisten, Quintales oder Tonnen akzeptieren wir nicht. Wir fordern das Ende der Entlassungen (...) und daß die Leistungen, die uns gesetzlich zustehen, respektiert werden. Durch unsere Kämpfe haben wir errungen, daß uns Wasser, Brennholz, Essen, Medizin, elektrisches Licht und andere Dinge zustehen. Wir protestieren dagegen, daß man uns diese entzieht.« (13. März 1980)

Tatsächlich fiel der Streik an der Südküste, Sternstunde in der Geschichte des CUC, mit dem Ende eines Kampfzyklus zusammen. Am 1. Mai fand der letzte große Protest des Volkes statt, und da die Polizei vor und nach diesem Ereignis mehrere unserer Compañeros entführte, beschlossen wir schließlich, auf öffentliche Demonstrationen zu verzichten. Alle Freiräume für eine Massenbewegung begannen sich nach und nach zu schließen.

Im Laufe des Jahres 1980 nahm das Gesicht des Genozids ein immer klareres Profil an. Während die Repression bisher vor allem die aktivsten Mitglieder getroffen hatte, zwang das unaufhaltsame Wachstum unserer Bewegung die Regierung nun, ihre Taktik zu ändern. Es war ihr nicht mehr genug, unsere Führer zu ermorden; sie mußte dem ganzen Volk den Krieg erklären. Es brachen die Massaker großen Ausmaßes über uns herein, blinde Wut, rituelle Gemetzel: skalpierte Kadaver, Kanibalismus; Vergewaltigungen, begangen an Mädchen; schwangere Frauen, denen man den gekochten Kopf ihres Ehemannes in den Unterleib gerammt hatte; unzählige Menschen, die auf den Plätzen ihrer Dörfer bei lebendigem Leibe verbrannt wurden. Das sind einige der Greueltaten, die die Nationalarmee von Beginn des Jahres 1980 an beging.

Die Konflikte um das Land wurden in diesem Zusammenhang beinahe zweitrangig; jetzt traf die Repression vor allem die Orte, von denen man wußte, daß es dort organisierte Menschen gab. Eindeutiges Ziel war es, auf diese Weise jegliche Art des Protestes zu vernichten. Die Unfähigkeit, unsere Strukturen aufzudecken – die sich unter den herrschenden Bedingungen von Beginn an halb im Geheimen herausgebildet hatten –, hatte vielfach zur Folge, daß die Brutalitäten sich an Personen entluden, die unserer Organisation gar nicht angehörten, oft sogar mit Politik überhaupt nichts zu tun hatten. In den Bezirken El Quiché, San Marcos, Quetzaltenango, Totonicapán, Sololá, Chimaltenango und Huehuetenango, aber auch an der Südküste und im Norden des Landes ließen sich die mordenden Militärs am Rande unserer Dörfer nieder, beraubten und belästigten die Menschen und setzten sie mit Fragen über die Subversion unter Druck. Waren sie mit den Antworten unzufrieden, drohten sie damit, das Wasser zu vergiften, die Dörfer zu bombardieren oder die Aussaat zu vernichten.

Im Juli 1980 verließ Monsignore Gerardi, Bischof von El Quiché, nach der Ermordung zweier Priester seine Diözese. Er selbst hatte während einer Konfirmationsfeierlichkeit ermordet werden sollen, aber er hatte die Intrige rechtzeitig entdeckt und ging, zusammen mit allen Geistlichen des Bezirks, außer Landes. Einige von ihnen gründeten später die *Iglesia Guatemalteca en el Exilio,* IGE. Aus dem Exil heraus fuhren sie fort, die Sache der Armen zu verteidigen. Monsignore Gerardi erklärte: »Die Entscheidung ist extrem; ebenso extrem sind ihre Bedeutung und die Konsequenzen, die sie mit sich bringt; Konsequenzen, die wir in voller Verantwortung tragen.« (22. September 1980) Um die Gründe, die zu dieser Entscheidung geführt hatten, öffentlich zu machen, erarbeitete diese Kirchengruppe den Bericht »Die Kirche in El Quiché: das Martyrium eines Volkes«. Dieses Dokument enthielt auch Augenzeugenberichte über die unmenschlichen Repressalien, die unter dem Vorwand eingesetzt wurden, es handele sich hier um ein vom Ausland aus gesteuertes kommunistisches Komplott.

In einer solchen Situation war es praktisch unmöglich, weiterhin gewerkschaftlich zu arbeiten, auch wenn wir uns durch spezifische Eigenschaften von anderen Gewerkschaften unterschieden. Die Sicherheitsmaßnahmen wurden verdoppelt, und abgesehen von einigen wenigen Arbeitsniederlegungen an der Küste, mit denen die Einhaltung der Abkommen vom März gefordert wurde, betätigten wir uns fast ausschließlich halb klandestin. Wir malten Inschriften auf Wände, verbreiteten Flugblätter schnell und überraschend, führten Sabotageaktionen durch. Um unser Volk aber weiterhin zu informieren und den von der Regierung verbreiteten Lügen etwas entgegenzusetzen, blieben wir bei der Veröffentlichung unserer beiden Informationsorgane *La Voz* und *De Sol a Sol;* sie erschienen ungeachtet der Schläge, die unsere Redaktionsgruppen erlitten. In einem Land, in dem die Information von den Presseerklärungen der Armee abhängig war, stellten sie den einzigen unabhängigen Aufschrei dar.

Im Juli bekundeten wir durch eine Reihe von Aktionen unsere Solidarität mit den 26 Compañeros der CNT, die am 26. Juni aus dem Sitz ihrer Gewerkschaft in der Hauptstadt entführt worden waren. Angesichts der Unmöglichkeit, eine Demonstration im traditionellen Stil zu organisieren, arrangierten wir am 20. Oktober, dem Jahrestag der Revolution von 1944, in verschiedenen armen Vierteln der Stadt unangekündigte nächtliche Zusammentreffen, bei denen wir Barrikaden errichteten und Propagandamaterial verteilten. In jenen Tagen kam es uns vor allem auf die möglichst weite Verbreitung des Gedankens an, daß der einzige Weg, der mörderischen Gewalt zu entkommen, die organisierte Selbstverteidigung des Volkes in den Dörfern, an der Küste und in den städtischen Zentren war.

Daneben verstärkten wir unsere Anstrengungen auf dem Gebiet der internationalen Arbeit. Vom 20. bis zum 24. November 1980 kam in den Niederlanden, in Rotterdam, das Russel-Tribunal zusammen, um über die Rechte der eingeborenen Völker in den Staaten des amerikanischen Kontinents zu sprechen. Während seiner Sitzungen untersuchte das Tribunal jeden einzelnen der vorgetragenen Fälle. Der Form eines authentischen Gerichtsverfahrens entsprechend, hatte das Tribunal Einladungen an die »Angeklagten« verschickt, damit sie sich öffentlich gegen die gegen sie erhobenen Vorwürfe verteidigen könnten. Eigens aus diesem Grunde hatte der Präsident von Guatemala, General Lucas García, ein Einladungsschreiben erhalten, in dem seine Regierung aufgefordert wurde, in Beantwortung der gegen sie erhobenen Anklagen das Wort zu ergreifen. Das Tribunal, eine unabhängige Institution, die sich aus angesehenen Intellektuellen zusammensetzt, erhielt keinerlei Antwort. Aber in Vertretung der Indígenas Guatemalas nahmen zwei Mitglieder des CUC teil, die wir hier Juana und Pedro nennen – gemäß unserer Gewohnheit, die Identität von Personen nicht öffentlich bekannt werden zu lassen.

Während die Indígenas anderer Länder Anthropologen und Spezialisten geschickt hatten, die für sie sprechen sollten, redeten Juana und Pedro, die Gesichter mit typischen Tüchern verdeckt, zwei volle Stunden lang; immer abwechselnd ergriffen sie das Wort. Sie präsentierten ihre Zeugenaussagen einem Publikum, das begeistert war von der tiefen Überzeugung, die aus ihren Worten sprach, aber auch entsetzt über diese einem Alptraum gleichende Welt, die sie mit ihrer Schilderung heraufbeschworen. Im Gegensatz zu anderen Gruppen, die die ethnische Frage in den Vordergrund stellten, veranschaulichten die Compañeros, daß in Guatemala eine starke Einheit im Entstehen begriffen war: Solidarität zwischen den eingeborenen Völkern und den armen Mestizen, sowohl unter den Arbeitern als auch unter den Campesinos, Solidarität unter allen Ausgebeuteten. Am Ende erhoben sich die Zuhörer und applaudierten eine ganze Minute lang.

Das Urteil der Jury war eindeutig. Unter anderem hieß es: »Von 1976 an hat die guatemaltekische Armee das Land der Campesinos, der Quichés und Ixilas [der Stämme, die die Vorwürfe einbrachten] unter Durchfüh-

rung von Räumungs- und Säuberungseinsätzen okku-
piert. Ziele: die Sicherstellung von wirtschaftlichen Maßnahmen in diesem Gebiet sowie die Übergabe des den
Indígenas gehörenden Landes an hochrangige Militärs,
Regierungsbeamte und mit dem ausländischen Kapital
verstrickte Grundbesitzer aus dem Bereich des Agrar-
Exportes. Die schon lange bestehende Situation der wirtschaftlichen Ausbeutung, der sozialen und Rassen-Dis-
kriminierung und der politischen Unterdrückung hat sich
mit der Entscheidung der Regierung zur Durchführung
des Projektes in der Franja Transversal del Norte zu
einem unhaltbaren Zustand zugespitzt. Man hat die
Exploration und Ausbeutung dieses größten Erdöl- und
Bergbaugebietes in Mittelamerika den multinationalen
Unternehmen Eximbal, Shenandoak, Getty Oil, Hispan-
oil, Texaco und Petromaya übertragen. Die Welle des Terrors, den die Armee gegen die Campesinos entfesselt hat,
macht vor nichts und niemandem halt: Vergewaltigungen, Hausdurchsuchungen, Entführungen, Folter, Morde sind alltägliche Ereignisse in dieser Region. Unterdrückung und Terror richten sich gleichermaßen gegen
die Kultur und die religiösen Vorstellungen und Praktiken dieser Völker. Kirchen werden militärisch besetzt,
Heiligenbilder geschändet, verunstaltet oder verkauft.
Das Vollziehen der Rituale beziehungsweise die Teilnahme daran werden mit Gewalt verhindert. Diese
Gesamtsituation sowie die Tatsachen im einzelnen sind –
da greifen die Mechanismen systematischer und kontinu-
ierlicher Zensur – sowohl in der Presse als auch in den
Massenkommunikationsmitteln stets verschwiegen worden. (...) Der Fall der spanischen Botschaft ist nur einer
von Hunderten anderer Fälle der Gewalt und der Barbarei, mit denen die Regierung ihre blutige Diktatur über
das Volk von Guatemala ausübt: Diese furchtbare Art, zu
»regieren« und die nationalen Mehrheiten zu unterdrük-
ken, stellt den unredlichen und illegalen Charakter der

kleinen Minderheit von Ladinos und Weißen bloß, die seit der kolonialistischen Invasion das Land an sich gerissen und es in einem dauernden Versuch, jeglichen Willen zu Widerstand, Kampf und zivilisatorischem Fortschritt zu zerstören, gemartert hat.«

Die Situation in unserem Lande wurde immer schlimmer. Nachdem der Preis für Kaffee auf dem Markt von New York die 300 Dollar-Marke pro Quintal schon überschritten hatte, sank er wieder auf 120. Die Finqueros fanden keine bessere Art, mit dieser Situation fertigzuwerden, als den Verlust auf die Pflücker abzuwälzen, indem sie die gewohnten Praktiken des Betruges bei der Bemessung des geleisteten Tagewerkes intensivierten. Unter diesen Bedingungen, das heißt angesichts der über unsere Kampfbereitschaft erzürnten Arbeitgeber und der sich im permanenten Kriegszustand gegen das Volk befindenden Armee, ergab sich die Notwendigkeit neuer Formierungen auf politischer Ebene. Das CUC verließ die FDCR, die aufgrund ihres allzu öffentlichen Charakters von den Ereignissen überholt worden war. Anläßlich des ersten Jahrestages des Massakers in der Botschaft und zu Ehren unserer Märtyrer und Helden trat die *Frente Popular 31 de enero,* FP 31, an die Öffentlichkeit. An der neuen Organisation beteiligten sich neben dem CUC die *Núcleos Obreros Revolucionarios,* NOR, das *Comité de Pobladores,* CDP, die *Frente Estudiantil Revolucionario Robín García,* FERG, sowie die Revolutionären Christen Vicente Menchú. All diese Gruppen waren sich des Ernstes der Lage bewußt; alle waren ihrem Charakter nach halb geheim.

Auf der anderen Seite herrschte zu jener Zeit trotz aller Schwierigkeiten ein starker Optimismus, was die Möglichkeit einer radikalen Änderung in absehbarer Zeit anging. In ganz Mittelamerika war die Lage äußerst angespannt. Die sandinistische Revolution, die etwas mehr als ein Jahr zuvor gesiegt hatte, geriet in erste Konflikte mit der neu eingesetzten Reagan-Administration, und in El Salvador hatte die FMLN die Generaloffensive vom Januar 1981 gestartet. Schwierige Tage standen bevor, deshalb mußte man organisatorisch vorbereitet sein; wir glaubten, daß es bis zum Anbruch eines neuen Tages nicht mehr weit sei. Diesen Vorstellungen zufolge bedurfte es neuer und wirksamerer Formen des Kampfes. Die FP 31 mußte der Bewegung zu einer Struktur verhelfen, die – im Hinblick auf die Einsetzung einer Revolutionsregierung – die Koordination und Solidarität zwischen den einzelnen Massenorganisationen erleichtern und verbessern sollte.

Dem Genozid zum Trotz starteten wir im Februar einen neuen Kampf um die Zuckerrohrernte 1981. In dem Papier, das wir den Finqueros übergaben, wiesen wir jegliche Regierungsintervention zurück und präsentierten einen Katalog von zwanzig Forderungen. Die wichtigsten Punkte waren: ein neuer Lohn von sechs Quetzales; Bezahlung des siebten Tages und der Überstunden (all dessen, was über acht Stunden täglich hinausging); angemessener Schutz bei der Insektenbekämpfung; kostenloser Transport für die Hin- und Rückfahrt vom und zum Herkunftsort der Cuadrilleros; Abschaffung der Makler (der Diebe, die von unseren Leiden profitieren, ohne irgend etwas zu tun); eine proportional zur gearbeiteten Zeit berechnete Abfindung; würdiger Wohnraum für die Zeit des Aufenthaltes auf der Finca. Durchweg einsichtige Forderungen, die auf ein der damaligen Zeit entsprechendes Lebensniveau zielten. Aber die Bedingungen hatten sich zu sehr gewandelt, als daß die Situation des vorangegangenen Jahres sich hätte wiederholen können. Die Angriffe gegen die Volksbewegung hatten sich weiter zugespitzt und erreichten immer neue Ebenen der Barbarei. Als Antwort darauf politisierte sich der Kampf unseres Volkes immer stärker; das ging so weit, daß sich schließlich die Frage nach einer direkten

Auseinandersetzung mit der Regierung und ihrer mörderischen Armee stellte. Als sie sahen, daß der Spielraum für jegliche bei Tageslicht durchgeführte Aktion immer begrenzter wurde, zogen es viele Compañeros vor, in die Berge zu gehen und sich einer der politisch-militärischen Organisationen der *Unidad Revolucionaria Nacional Guatemalteca,* URNG, anzuschließen, die Anfang 1982 entstanden war. Dort bot sich zumindest die Möglichkeit, das eigene Leben effektiver zu verteidigen. Die große Mehrheit unseres Volkes jedoch hatte keine Waffen zur Verfügung und mußte der Armee entgegentreten, so gut es eben ging. Wir nutzten den Erfindungsgeist und die Kreativität des Volkes. Wir suchten nach neuen Formen des Widerstandes.

Es ist unmöglich, in dieser kurzen Geschichte die Marter, die unser Volk zwischen 1981 und 1985 erfahren mußte, im einzelnen zu schildern. Wir wollen lediglich sagen, daß jene schreckliche Zeit in ihrer Brutalität und in der Zahl der Opfer einzig mit der Conquista – die 460 Jahre zurück lag – verglichen werden kann. Jedesmal, wenn die Militärs vom Auftauchen der Guerilla erfuhren, egal wo, kamen sie, machten die Dörfer nieder und massakrierten die wehrlosen Menschen. Als Erinnerung an jene mörderische Raserei sind einige Namen besonders in unserem kollektiven Gedächtnis haften geblieben: Comalapa, Chubajito, San Mateo Ixtatán, Chupol, Zaculpa, Chichicastenango, El Arbolito, Chisec, Chajul, San Martín Jilotepeque...

Gegen Ende des Jahres 1981 brach die Brutalität in El Ixcán los. Die dort stationierten Militärs hatten die Programme der *Acción Cívica* schon 1975 – als sie die Guerilla entdeckten – aufgegeben. Von da an war eine rein militärische Präsenz aufrechterhalten worden, um die Kontrolle über das Gebiet zu sichern. Im November 1981 begab sich ein großer Teil dieser Truppe in die Region Chimaltenango, um dort eine Offensive zu unterstützen. Im Februar

1982 kehrten sie in die Zona Reina (zwischen den Flüssen Zabal und Negro oder Chixoy) zurück, und nachdem es ihnen nicht gelungen war, die Guerilla aufzuspüren, massakrierten sie an einem Markttag im März in Cuarto Pueblo 350 wehrlose Campesinos.

Das war nur der Anfang. Im April brannten die Soldaten das Dorf Xabal nieder und zogen dann weiter in Richtung Playa Grande, wo sie ebenfalls Feuer legten. Die Dorfbewohner konnten zu ihrer Verteidigung nichts anderes tun als fliehen. Einige flüchteten über die Grenze, aber die Mehrheit wollte sich nicht von dem Land trennen, das sie unter so vielen Mühen bearbeitet hatte. Diese Menschen versteckten sich in den Wäldern, wo sie sich in kleine Gruppen aufteilten.

Der erste große Flüchtlingsstrom kam gegen Ende 1982 in Mexiko an, wo einzelne sich schon seit einem Jahr aufhielten. Nach Schätzungen der Diözese von San Cristobál Las Casas lebten Ende 1983 zirka 100 000 Brüder im Staat Chiapas. Sie stammten aus den Grenzbezirken El Quiché, Huetenango und San Marcos. Eine Minderheit kam von weiter her: Sololá, Chimaltenango, Las Verapaces.

Anfang 1982 entstand das *Comité Guatemalteco de Unidad Patriótica,* CGUP, angeregt durch Intellektuelle und Exilanten, anerkannt durch die FP 31 und die FDCR. Die Aufgabe dieser neuen Gruppierung war es, internationale Arbeit zu leisten, das Ausland über die Situation in Guatemala zu informieren. Da es nicht möglich war, innerhalb des Landes öffentlich aufzutreten, organisierte eine Delegation der FP 31 am Jahrestag des Massakers in der Botschaft eine politische Veranstaltung in San José de Costa Rica.

Hauptredner war ein Compañero und Mitbegründer des CUC. Unter anderem sagte er: »Als die Möglichkeiten der Volksbewegung immer weiter beschnitten wurden, gingen wir dazu über, uns in Gruppen zu organisieren, die auch unter der Repression handlungsfähig sind. Damals lernten wir, jenseits des gewerkschaftlichen Reglements und der von Regierungen gesetzlich festgelegten Vorschriften Kundgebungen abzuhalten. Wir lernten, Barrikaden zu bauen, weil die bezahlten Kampagnen in den Medien nichts über unsere Kämpfe aussagen konnten. Wir begannen, uns in Organisationen zu formieren, deren Aufgabe darin besteht, unserem Volk Ausdrucksmöglichkeiten zu bieten. So vollzogen wir einen weiteren Schritt hin zu besseren Formen des Kampfes. Da liegen die Wurzeln der FP 31.«

Jeden Augenblick kann ein Aufstand losbrechen – diese Stimmung beherrschte die Atmosphäre, in der am 7. März 1982 Wahlen stattfanden. Die Wahllokale waren in Bunker verwandelt worden. Sieger war der Kandidat, den die Anhänger von Präsident Lucas aufgestellt hatten: General Aníbal Guevara. Aber der Betrug war offensichtlich, und die bürgerlichen Oppositionsparteien protestierten umgehend. Es folgten einige Tage der Konfusion, und am 23. März nahmen 300 Soldaten, unterstützt von der Botschaft der Vereinigten Staaten, den Präsidentenpalast und den nationalen Radiosender ein. Die Generäle und andere hohe Befehlshaber der Armee schlossen sich dieser Bewegung an, und so endete das Regime Lucas García. Diesen Namen wird das Volk von Guatemala niemals vergessen.

Die Macht wurde in die Hände einer Militärjunta gelegt – unter der Führung des Generals José Efraín Ríos Mont, des ehemaligen christdemokratischen Kandidaten bei den Wahlen von 1974. Der neue Regierungschef – Anhänger einer protestantischen Sekte mit Namen *Iglesia del Verbo* und Sitz in Kalifornien – erschien auf der Pressekonferenz in einem Kaibil-Anzug (in der Kleidung jener Spezialtruppen, die unser Volk umbringen) und sprach von Gott, dem Evangelium und dem Kampf gegen den Teufel. Er sprach auch von den Menschenrechten sowie von der Notwendigkeit, der Korruption ein Ende zu bereiten; und er forderte alle, die unter der Diktatur Lucas' geflohen waren, auf, zurückzukehren.

All das waren Lügen, aber unser Volk war in gewisser Weise darauf vorbereitet. Trotz der schwierigen Bedingungen hatten wir in den Dörfern wöchentliche Informationstreffen abgehalten, bei denen über die Situation in unserem Land, in Nicaragua und in El Salvador berichtet worden war. Wir wußten, daß in den mittleren Rängen der Armee (unter den sogenannten »jungen Offizieren«) Unzufriedenheit herrschte, weil die von Lucas' Regierungsgruppe entwickelte Strategie der Aufstandsbekämpfung ohne Wirkung zu bleiben schien. Zudem hatten die maßlose Korruption und der fortschreitende Ansehensverlust, den der Heeresverband im In- und Ausland erlitt, für Unbehagen gesorgt. Aus all dem hatten wir geschlossen, daß sich etwas bewegen würde. Angesichts des damaligen Aktionsniveaus der Guerilla einerseits und des von Lucas betriebenen Genozids andererseits, war ein Staatsstreich eine der Möglichkeiten, mit denen wir gerechnet hatten. So traf uns der 23. März nicht unvorbereitet. Als wir die Nachrichten hörten, setzten wir überall dort, wo es möglich war, unser Konzept der Selbstverteidigung um: errichteten Barrikaden und steckten Lastwagen in Brand, um den Militärfahrzeugen den Weg zu versperren.

Wir können hier das Wesen der Regierung Ríos Mont nicht systematisch analysieren. Deshalb wollen wir nur auf einige Punkte eingehen, die unmittelbar mit unserer Geschichte zu tun haben. Trotz der anfänglich betriebenen Rhetorik über die Respektierung der Menschenrechte liefen die Anweisungen der neuen Regierung darauf hinaus, daß man – nachdem man die Gewalt in der Stadt gedrosselt und so an Glaubwürdigkeit gewonnen hatte – die ländlichen Gebiete, wo die eigentliche Gefahr lag, um so leichter unterdrücken konnte. Als Aushängeschild für die ausländischen Korrespondenten kam die Hauptstadt so in den Genuß einer relativen Ruhe – vor allem im Vergleich zu den vorangegangenen Jahren. Statt dessen zog die Sicherheitspolizei geschlossen aufs Land, um dort, in Zusammenarbeit mit der Armee, die Bevölkerung zu massakrieren.

Die andere Karte, die Ríos Mont ausspielte, war der massive Gebrauch der sozialen Kommunikationsstrukturen, um das Land und die internationale Öffentlichkeit zu verwirren.

Das religiöse Deckmäntelchen zum Beispiel diente dem Versuch, den Krieg der Armee gegen das Volk in einen Bürgerkrieg zu verwandeln, in dem jeder gegen jeden kämpfen sollte und dem man das revolutionäre Ziel, das einen großen Teil unseres Volkes bewegte, hätte absprechen können. Derselbe Zweck wurde mit der Bildung der sogenannten Zivilpatrouillen zur Selbstverteidigung, PAC, verfolgt, paramilitärischen Organen zur Aufstandsbekämpfung, die unsere Gemeinden bis heute unterdrückt halten. Es handelt sich dabei um von Soldaten und Militärkommissaren geleitete Banden, an denen wir uns zwangsweise beteiligen müssen. Wer sich weigert, wird als subversives Element angesehen.

Zu Beginn stellte man den Campesinos, die bereit waren, sich in diese Gruppen einzugliedern, bestimmte Privilegien und einen vermeintlichen Schutz in Aussicht. In Wirklichkeit dienten – und dienen – diese Patrouillen aber dazu, die Armee vom Druck der Guerilla zu entlasten und zudem militärische Kontrolle über die Bevölkerung auszuüben. Die Regierung ging mit ihrer Verdrehung der Tatsachen so weit, daß sie die Massaker als Auseinandersetzungen zwischen verschiedenen Banden angehörenden Campesinos darstellte.

Schon eineinhalb Monate nach dem Putsch hatte die Situation sich deutlich verschlechtert. In einigen Regionen erreichte der Genozid bislang nicht gekannte Ausmaße. Während dessen kaschierte die Junta ihre kriminellen Aktivitäten weiterhin mit einer mystischen Demagogie: Dies sei der heilige Krieg der Guten gegen die Schlechten. Um die Mauer der Desinformation zu durchbrechen, entschlossen wir uns, erneut eine Botschaft zu besetzen.

Es war eine schwierige Entscheidung, denn in unseren Herzen war die Erinnerung an die Tragödie von damals noch lebendig. Trotzdem hielten wir – und diese Einschätzung war richtig –, den jetzigen Zeitpunkt für günstiger. Die Regierung konnte sich die politischen Kosten eines neuerlichen Massakers nicht leisten, versuchte sie sich doch gerade mit allen Mitteln den Anschein zu geben, sie respektiere die Menschenrechte.

Die Aktion wurde auf der Ebene der FP 31 organisiert, mit unserer Beteiligung und der anderer Sektoren. Die Zahl der beteiligten Compañeros war gering, weil wir für den Fall von Repressionsmaßnahmen die Zahl der Opfer niedrig halten wollten. Die Wahl fiel auf die Botschaft von Brasilien: Sie war zentral gelegen und von starkem Fahrzeugverkehr umgeben. Es gab, als die Compañeros ins Innere der Botschaft vorgedrungen waren, schwierige Momente. Die Armee umstellte zwei Gebäude. Unaufhörlich drohten die Militärs den Compañeros, sie würden sie wie die Besetzer der spanischen Botschaft bei lebendigem Leibe verbrennen, wenn sie nicht sofort herauskämen. Der Botschafter, ein älterer Herr, fiel zweimal in Ohnmacht; er befürchtete das Schlimmste. Zum Glück ging diesmal alles gut. Die Besetzer handelten aus, daß sie ausgeflogen würden, und konnten auf dem Flughafen eine Pressekonferenz geben. Sie verurteilten die neuen Übergriffe; hier einige ihrer Worte: »Mit großem Schmerz sehen wir, wie seit der Machtübernahme durch die Militärjunta am 23. März unsere Leiden unverändert geblieben oder noch schwerer geworden sind als zuvor. Die Verfolgungen und Morde gehen weiter und verschärfen sich mit jedem Tag. Sie brennen unsere Häuser nieder, unsere Ernte und die Wälder, aus denen wir unser Brennholz beziehen; sie rauben uns unsere wenigen Habseligkeiten, unsere Kleidung, unser Schwein und unsere Hühner; sie vergewaltigen unsere Frauen; sie ermorden unsere Völker. Es ist ihnen nicht genug, unsere Dörfer zu bombardieren und uns niederzuschießen; um den Terror gegen uns zu verschärfen, foltern sie uns, schneiden uns mit Messern die Köpfe ab, verbrennen uns bei lebendigem Leibe. Die Anzahl der Massaker ist so groß, daß es unmöglich ist, alle Fälle aufzuzählen. Tausende unserer Brüder, Campesinos, hauptsächlich Indígenas, sind ermordet worden, weil wir Land fordern, um arbeiten zu können; weil wir danach streben, nicht länger auf unmenschliche Art und Weise ausgebeutet zu werden, nicht länger vor Hunger oder an den einfachsten Krankheiten zu sterben. Weil wir ein besseres Leben wollen und fordern, daß die Stimme unserer Anklage gehört werde, daß das Blutbad, dem wir ausgeliefert waren, bekannt werde. (...) Die Zensur und die Repression gegen die Presse verhindern, daß die Wahrheit ans Licht kommt. Über die Massaker an den eingeborenen Völkern erfährt man aus der Presse nur die von unseren Mördern verbreitete Version. Heute fordern wir, daß die Welt unsere Version kennenlernt, die Version derer, die die Opfer gewesen sind.«

Nach der Besetzung der brasilianischen Botschaft begann für das CUC ein Prozeß der Schwächung, der sich über drei oder vier Jahre hinzog. Die Repression hatte es nicht geschafft, uns zu zerstören, aber sie hatte uns schwere Schläge versetzt. Die *Comisión Nacional Coordinadora,* CONACO – unsere höchste Führungsinstanz –, war nicht mehr in der Lage, Informationsschriften und Propagandamaterial herauszugeben. Die herrschenden Bedingungen ließen das Bestehen einer Organisation wie der unsrigen nicht mehr zu: Der Konflikt hatte eine rein militärische Dimension angenommen, und es war unmöglich geworden, als Massenfront zu handeln. Zwar konnten sich an verschiedenen Stellen des Landes einige der von uns ausgesäten Pflänzchen halten, doch die Aktivität des CUC beschränkte sich zwischen 1982 und 1986 auf politische Tätigkeiten im Ausland. Um eine Vorstellung von dem Ausmaß der gegen uns gerichteten Repression zu vermitteln, reicht es wohl aus zu erwähnen, daß von den etwa 30 Compañeros, die 1978 an verschiedenen Orten und unter verschiedenen Gegebenheiten an der Entstehung des CUC maßgeblich mitgewirkt hatten, zu dieser Zeit nur noch fünf oder sechs am Leben waren. Einige unserer Mitglieder konnten ihr Leben retten, indem sie das Land verließen, während große Anstrengungen unternommen wurden, um für diejenigen, die geblieben waren, Sicherheits- und Selbstverteidigungsmaßnahmen zu ergreifen.

Die düsteren Jahre der Militärdiktaturen

Die Geschichte des CUC ist so eng mit der des Volkes verbunden, daß es unmöglich ist, über das eine zu sprechen, ohne das andere zu erwähnen. Die Organisation war zerschlagen, aber an vielen Orten blieben Keime bestehen; von dort aus kämpften wir weiter, in die Enge getrieben, aber nicht vollständig vernichtet. Bevor wir die Fäden unserer Erzählung hier wieder aufnehmen, müssen wir jedoch auf einige Ereignisse von besonderer Bedeutung eingehen.

Am 9. Juni löste Ríos Mont die Junta auf und erklärte sich zum Präsidenten *de facto*. Umgehend setzte er alle Vertreter der Gemeinden ab und versah sich mit dem Recht, die neuen persönlich zu ernennen. Im Juli verhängte er den Ausnahmezustand. Im September stellte die Menschenrechtskommission Guatemalas, CDHG, einen Bericht vor, in dem sie den massiven Exodus der vor dem Genozid fliehenden Siedler denunzierte. Inzwischen waren eine Million Menschen, von Schrecken erfüllt, geflüchtet. Einige versteckten sich, teilweise mit infizierten Verletzungen, in Schluchten und Höhlen, wo sie weder ein Dach über dem Kopf noch Nahrungsmittel hatten. Sie hofften, so der Verfolgung durch eine Armee entkommen zu können, die mit elektronischen Geräten und modernen Waffen ausgerüstet war. »Nach und nach«, so hieß es in dem Bericht, »sind diesen unzähligen Menschen sowohl ihre Situation als auch die Ursachen ihrer gegenwärtigen Lebensbedingungen bewußt geworden. Sie wissen jetzt, daß es die Militärregierung ist, die sie auf skandalöse Art und Weise vertrieben hat. Sie wissen, daß dahinter die Absicht steht, die Effektivität ihrer Brüder zu schwächen, den Kampfgeist derer, die sich genötigt sahen, zu den äußersten Mitteln des Widerstandes zu greifen, um den Staatsterrorismus zu bremsen, zu beenden und eine menschenwürdige Situation für alle Guatemalteken zu erreichen.«

Mit dem Genozid allein war es nicht genug. Auch die Institutionen mußten den Erfordernissen, die die Strategie der Aufstandsbekämpfung mit sich brachte, angepaßt werden. Im September entstanden die *Tribunales de Fuero Especial,* deren Aufgabe darin bestand, Vergehen im Zusammenhang mit der Subversion zu verhandeln. Dreißig mit Unterstützung des Gesetzes hingerichtete Guatemalteken erscheinen wenig angesichts Hunderttausender, die brutal massakriert wurden. Aber diese Maßnahme war Teil einer psychologischen Offensive, die das Ziel verfolgte, jeglichen Versuch des Kampfes im Keim zu ersticken. Mittels der PAC wurde unser Volk zur Zwangsarbeit und zur Mitwirkung an einer Reihe infamer Pläne genötigt, die sich *Asistencia para Areas Conflictivas* nannten – wie zum Beispiel die auf traurige Weise berühmt gewordenen Projekte *Fusiles y Frijoles* oder *Techo, Trabajo y Tortilla.* Alle zeichneten sich durch pompöse Namen und katastrophale Auswirkungen aus. Den Gelüsten paranoider Generäle und erbarmungsloser Offiziere entsprechend, verwandelte sich das gesamte Hochland in ein gigantisches Konzentrationslager. Die niedergebrannten Dörfer wurden unter strikter militärischer Überwachung wieder aufgebaut – mit Kontrollturm und Drahtzaun. Jene Bewohner, die ihr Leben hatten retten können, wurden gezwungen, sich den Militärbehörden zu unterstellen. Die Patrouillen der PAC bewachten die Ein- und Ausgänge der Dörfer, die jetzt als strategische Dörfer bezeichnet wurden. Der Transport von Lebensmitteln, Kleidung oder Medizin, deren Menge den Bedarf einer Person überschritt, wurde als strafbare Tat betrachtet, die mit dem Tode geahndet wurde und die sofortige Hinrichtung zur Folge hatte.

Auch mit der Religion legten sie sich an. Nachdem die guatemaltekische Armee die christlichen Bewegungen zur Bewußtseinsbildung erst einmal als subversiv ausgemacht hatte, begann sie andere, fügsamere Formen der Religionsausübung zu favorisieren. Alles war recht, solange es die Guerillabewegung zurückdrängen half. Die *Iglesia del Verbo* gab mit der begeisterten Unterstützung des neuen Präsidenten Hunderttausende von Dollar aus, um Projekte zu finanzieren, deren einziges Ziel es war, zum Klang von Bibelzitaten den politischen Konformismus zu fördern. Im Dreieck von Ixil (Nebaj, Cotzal, Chajul) zum Beispiel, einem extrem konfliktreichen Gebiet, gründete die *Iglesia del Verbo* die Stiftung zur Unterstützung des eingeborenen Volkes, FUNDAPI. Sie sollte die Bevölkerung verwirren und Sympathien für die Regierung wecken, indem sie Blechplatten, Kleidung und Haushaltswaren verteilte. Keine einfache Aufgabe, wenn man bedenkt, daß allein in Cotzal von den 29 Dörfern, die zu der Gemeinde gehört hatten, Ende 1982 lediglich drei übrig geblieben waren.

Unterdessen vermehrte sich auf internationaler Ebene die Kritik an dem Regime. Vom 27. bis zum 31. Januar 1983 verurteilte das *Tribunal Permanente de los Pueblos,* eine weitere Institution zur Wahrung der Menschenrechte in Madrid, Spanien, das Vorgehen der guatemaltekischen Regierungen seit 1954 in scharfer Form. Die Regierung Ríos Mont wurde für schuldig befunden, Genozid, Verbrechen gegen die Menschlichkeit, Kriegsverbrechen und Rassendiskriminierung begangen zu haben. Die Resolution, die der uruguayische Schriftsteller Eduardo Galeano vor etwa 1000 Personen verlas, erkannte darüber hinaus das Recht des Volkes auf bewaffneten Aufstand an. Unter denen, die als Zeugen aufgetreten waren, befanden sich mehrere Compañeros des CUC. Bei der Abschlußveranstaltung verlas der mexikanische Bischof Sergio Mendez Arceo einen Brief an den Papst anläßlich dessen bevorstehender Reise nach Guatemala. Darin wurde die ungeheuerliche und inhumane Gewalt beklagt, der die Gemeinden der eingeborenen Campesinos in immer stärkerem Maße ausgesetzt waren. Ähnliche Stellungnahmen wurden vom Internationalen Büro Demokratischer Juristen, von der Unterkommission für Menschenrechte der UNO, vom Weltrat der eingeborenen Völker, von amnesty international, Americas Watch und vom Weltkirchenrat abgegeben. All diese Organisationen waren von unseren Compañeros beraten worden, die um die ganze Welt reisten, um Augenzeugenberichte zu liefern.

In Anwesenheit von Hunderttausenden eingeborener Brüder mußte Johannes Paul II. am 4. März 1983 auf jener Esplanade von Xelajún, die 460 Jahre zuvor Schauplatz des ersten Blutbades gegen die Mayas gewesen war, zuhören, als Monsignore Oscar García Urizar, Bischof von Quetzaltenango, eine leidenschaftliche Anklageschrift verlas. Dieser Bericht, der weniger von der Hierarchie als von der starken eingeborenen Basis der Kirche hervorgebracht worden war, enthüllte – auch vor zig Millionen Fernsehzuschauern – das bestialische Vorgehen der Armee, aber auch das Opfer, das die Katecheten, die Verkünder des Gotteswortes und die Basisgemeinden in reinster Tradition des Evangeliums mit ihrem Kampf für eine Veränderung im Lande brachten.

Zur gleichen Zeit erschien das Buch von Rigoberta Menchú, einer führenden Aktivistin des CUC, ein Zeugnis, das bald mit dem Preis *Casa de las Americas* ausgezeichnet wurde. Heute, neun Jahre später, erfährt dieses in elf Sprachen übersetzte Buch noch immer internationale Anerkennung und schafft den von Militarismus dominierten Regimes, unter denen Guatemala leidet, große Probleme.

Die zunehmende Verurteilung durch die verschiedensten Foren übte einen gewissen Druck auf die Militärs aus, und sie kamen nicht umhin, ihr Auftreten zu verändern. Am 8. August wurde dem Völkermörder Ríos Mont nach einem Militärputsch die Macht entzogen und an seinen Verteidigungsminister, General Mejía Víctores, übergeben. Dieser neuerliche Staatsstreich war einerseits durch eine nicht zu behebende Machtkrise provoziert worden, andererseits dadurch, daß das Regime trotz seiner Politik der »verbrannten Erde« nicht in der Lage gewesen war, die Guerilla zu zerschlagen. Außerdem hätte der Fanatismus des Regierungschefs die Auswirkungen dieser Politik auf unerwünschte Weise ins Gegenteil verkehren können. Für die Landbevölkerung war die Veränderung an der Regierungsspitze jedoch ohne jede Bedeutung, denn das wütende Morden ging unverändert weiter. Im Oktober verurteilte das CUC, vom Exil aus, ein weiteres Massaker an Kekchíes und Pocomchíes der Gemeinden San Cristóbal Verapaz, Santa Cruz Verapaz, Cobán und Chistec. In diesem Falle richtete sich die Gewalt gegen Flüchtlinge, die aus anderen Teilen des Landes hierher gekommen waren, und wie üblich wurden die Opfer angeblichen Auseinandersetzungen zwischen der Guerilla und den Zivilpatrouillen angelastet. Einmal mehr wird es hier notwendig, darauf hinzuweisen, daß wir nicht die Absicht hegen, all die schrecklichen Repressionen jener Tage aufzulisten; wir erwähnen lediglich einige Tatsachen, die zu unserer Geschichte gehören. Die Arbeit des Aufzählens soll an anderer Stelle geleistet werden. Es gibt unzählige Beweise für alles, was geschehen ist, und eines Tages werden die Verantwortlichen Rechenschaft ablegen müssen. Demnach wollen wir hier die außergewöhnliche Fähigkeit unseres Volkes, unter derart schwierigen Bedingungen zu überleben, hervorheben. In Wäldern und Schluchten, in den »strategischen Dörfern« und »Entwicklungszentren« (so nannte man die militarisierten Zonen neuerdings) war der Lebenswille stärker als der Staatsterrorismus. Die Familien, die sich der militärischen Kontrolle entziehen konnten, organisierten sich dank der kollektiven und gemeinschaftlichen Arbeit. Nach und nach fanden sie, in einer Kriegssituation und den Feind in unmittelbarer Nähe, Wege, um die Produktion, Ernte, Aufbewahrung und Verteilung von Lebensmitteln zu organisieren. In den waldreichen Gegenden von Ixcán, in den Bergen des Nordens von Alta Verapaz, im Zentrum von El Quiché und im Norden von Izabal bildeten sich Wandergemeinden, denen Überlebende der Massaker angehörten. Dabei handelte es sich mal um die Bewohner eines einzigen Dorfes, mal um Gemeinschaften aus Angehörigen verschiedener Stämme und auch Ladinos. Auch daraus entwickelte sich eine größere Annäherung zwischen den Ausgebeuteten. Die Selbstverteidigung der Siedler dieser Gemeinden, die bis heute fortbestehen und sich gegen die Verfolgung wehren, erreichte ein hohes Maß an Organisation; sie stützt sich auf Erfindungsgeist und Bewußtsein. Rund um die Uhr werden Wachposten eingeteilt, und alle, vor allem aber die Ältesten, beteiligen sich an der Herstellung von spitzen Pfählen, mit deren Hilfe in der Umgebung der Siedlung und rings um die Saatplätze Fallen gebaut werden. Ebenso werden Form und Ablauf des gemeinsamen Rückzuges geplant – für den Fall, daß die Armee anrückt. Dank dieser und anderer Maßnahmen konnte der größte Teil dieser Gemeinschaften fast zehn Jahre lang den Bomben der Luftangriffe genauso widerstehen wie den von Soldaten und paramilitärischen Banden durchgeführten Razzien.

Angesichts der Alternative, aufzugeben und militärischer Kontrolle unterstellt zu werden oder sich auf ausländisches Gebiet zu flüchten, haben diese Gemeinschaften den schwierigen Weg in die Berge gewählt. Damit haben sie sich für einen Widerstand entschieden, für den sie keine anderen Waffen zur Verfügung haben als ihre Kreativität. Selbstverständlich sind das Gemeinschaften mit einer langen Geschichte: die Acción Católica, Genossenschaften, unsere eigene Organisation und andere Untergruppen der Volksbewegung. Von grundlegender Bedeutung ist für diese Gemeinschaften, daß sie die klare Entscheidung getroffen haben, sich nicht länger ausbeuten zu lassen und für eine tiefgreifende Veränderung zu kämpfen – und sei es um den Preis unvorstellbarer Opfer. Aufgrund ihrer so gesammelten Erfahrungen haben diese Compañeros schon eine Vorstellung davon, welch fundamentalen Fortschritt es für ein Volk bedeutet, wenn es anfangen kann, sich selbst zu regieren. Dies ist die heroische Beteiligung Zehntausender von Guatemalteken an der großen Anstrengung, die dem Aufbau einer neuen Gesellschaft gilt.

Die Diskreditierung der Diktatur und das Wiedererstarken des CUC

Anfang 1984 zeichnete sich das Ergebnis von vier Jahren Politik der »verbrannten Erde« deutlich ab. Die Regierung hatte der Volksbewegung ihre Spitze genommen und eine Million Guatemalteken gezwungen, im Ausland, in entlegenen Regionen des Landes oder am Rande und auf den zerfurchten Abhängen der Hauptstadt Zuflucht zu suchen. Diese Migration produzierte nicht nur psychologische Traumata, sondern auch soziale Probleme. In der Hauptstadt nahm die Zahl der Arbeitslosen und Straßenverkäufer stark zu, und auf dem Altiplano hatte die Zerstörung der Anbaugebiete durch die Armee zur Folge, daß weniger Mais, Frijol und Weizen ausgesät wurden – was sich katastrophal auf unsere Ernährung auswirkte. An der Küste sank, da es aufgrund der hohen Flüchtlingszahlen in der Region ein größeres Angebot an Arbeitskraft gab, der Lohn auf zwei, teilweise sogar auf einen Quetzal, was damals einem halben Dollar entsprach. Mehr als 40 von 100 Cuadrilleros, die früher an die Küste gezogen waren, gingen jetzt nicht mehr zur Ernte, weil es an Arbeit fehlte. Zudem mußten sie Angst haben, auf dem Weg dorthin entführt zu werden. Die Finqueros investierten weniger, denn sie sahen das Land in einer Wirtschaftskrise und die Preise für Exportprodukte in fallender Tendenz. Einige entschieden sich, ihr Geld nach Miami zu schicken, andere pflanzten Mais, um ihn auf dem Hochland zu Höchstpreisen zu verkaufen.

Gleichzeitig stiegen die Lebenshaltungskosten mit der Einführung der Mehrwertsteuer noch weiter, was sich auch ungünstig auf die Nebenerwerbsmöglichkeiten wie zum Beispiel die Herstellung typischer Stoffe auswirkte. Da es der Armee nicht gelungen war, die Guerilla zu zerschlagen, blieben unsere Dörfer und Weiler militärisch besetzt, und Hunderttausende von Campesinos waren gezwungen, ohne jegliche Entlohnung in den PAC zu arbeiten.

Aber auch die Isolierung des Regimes hatte zugenommen, und es sah sich mit ernsten Problemen konfrontiert, ohne daß es andererseits den Kampfgeist unseres Volkes hatte brechen können. Das Jahr 1984 war geprägt von Krieg, Wirtschaftskrise und wiederholten, aber stets erlogenen Meldungen über den Triumph über die Guerilla. Aber trotz der unverminderten Repression zeichnete sich in diesem Jahr auch ein gewisser Aufschwung der Volksbewegung ab, besonders in der Stadt. Die zunehmende Misere und die Wut bewirkten mehr als die Todesschwadrone. Im Juli entstand eine Schwesterorganisation, die *Grupo de Apoyo Mutua,* GAM, die aus Angehörigen von Verschwundenen bestand. Es dauerte nicht lange, bis Mut und Kampfgeist jener Compañeros öffentlich zum Ausdruck kamen: Mit dem Ziel, sich Gehör zu verschaffen, und in der niemals aufgegebenen Hoffnung, ihre geliebten Menschen wieder in die Arme schließen zu können, besetzten sie im November friedlich das Gebäude der neu geschaffenen verfassunggebenden Nationalversammlung – eines Organs, das Mejía Víctores kurz zuvor eingerichtet und mit der Aufgabe betraut hatte, die Möglichkeiten einer Staatsreform zu untersuchen. Es entstanden auch Bewegungen unter den Siedlern und in den Randgebieten der Hauptstadt, wo, wie schon erwähnt, viele unserer Brüder Zuflucht gefunden hatten.

Die revolutionäre Volksbewegung endgültig zu vernichten hatte sich als unmöglich erwiesen, und andererseits nahm der internationale Druck zu, der auf die Wahrung der Menschenrechte zielte. In dieser Situation blieb dem Oberkommando nichts anderes übrig, als den Übergang zu einer Zivilregierung vorzubereiten.

Man konzipierte diesen Übergang so, daß die faktische Hegemonie gewahrt blieb und gleichzeitig der überfällige Imagewandel erreicht wurde.

So gingen die Regierungsvertreter dazu über – bei gleichzeitig durchgeführten umfangreichen Maßnahmen zur Aufstandsbekämpfung und vor dem Hintergrund einer zugespitzten Wirtschaftskrise –, Erklärungen über eine angebliche demokratische Öffnung abzugeben und für Ende 1985 freie Wahlen anzukündigen. Die städtischen Volkssektoren ihrerseits trotzten dem Regime und gingen in den August- und Septembertagen auf die Straße, um gegen die Preiserhöhung im städtischen Transport zu protestieren.

Im Oktober gelang es uns, dank großer Opfer, die Herausgabe von *De Sol a Sol* mit seiner Botschaft über Kampf und Hoffnung wieder aufzunehmen. Nach einem Rückblick auf die wichtigsten Etappen des vergangenen Jahrzehnts zogen wir im Leitartikel die Bilanz der aktuellen Situation und wiesen darauf hin, daß Ausbeutung, Repression, Unterdrückung und Diskriminierung trotz anders lautender offizieller Erklärungen heute schlimmer waren als zuvor. Deshalb erklärten wir erneut unsere Bereitschaft zum Kampf, betonten aber auch die Notwendigkeit, unsere Sicherheitsmaßnahmen zu verdoppeln.

Am 14. Januar 1986 wurde nach einer Reihe verhängnisvoller Militärdiktaturen eine Zivilregierung unter dem Christdemokraten Vinicio Cerezo eingesetzt. Sie war aus Wahlen hervorgegangen, die die Bischofskonferenz, CEG, scharf verurteilte, weil sie nicht für alle Bürger offen gewesen waren. In der Tat hatte sich die Christdemokratische Partei, nachdem ihre Volkssektoren aufgelöst worden waren, einer Reorganisation nach neuen Richtlinien unterzogen – in der erklärten Absicht, für die

Armee zu einer gangbaren Alternative zu werden. Architekt dieser Operation war Cerezo selbst, der, als er die Regierungsmacht erst einmal innehatte, dafür sorgte, daß die fortbestehende Militarisierung (PAC, Entwicklungszentren, Modelldörfer und anderes mehr) durch seine moralische Autorität als ehemaliger politisch Verfolgter gedeckt wurde. So erreichte die Zivilregierung dann zunächst auch, was dem Oberkommando der Armee am wichtigsten war: Sie eroberte die Gunst der internationalen demokratischen Organisationen – unabdingbare Voraussetzung dafür, daß die Wirtschaftshilfe für diesen mit dem Tode ringenden Staat wieder aufgenommen wurde –, ohne jedoch die Führung des Landes aus der Hand zu geben.

Anfang März traf sich eine Gruppe Compañeros des CUC, Männer und Frauen, die weitergearbeitet und verschiedene Aufgaben sowohl innerhalb Guatemalas als auch auf internationaler Ebene wahrgenommen hatten. Das Treffen, das mit großer Vorsicht geplant worden war, dauerte mehrere Tage und endete am 14. März 1986, einem Tag, der zu einem historischen Datum unserer Geschichte werden sollte. Nach Jahren des Schmerzes und des Schweigens entschieden wir uns, die alten Banner wieder zu setzen und unser Komitee in der veränderten Situation neu aufzubauen.

Wir analysierten diese Situation, erwogen unsere Möglichkeiten und entschieden uns, eine neue nationale Führungskommission, CONACO, zu wählen. Vor uns lag die schwierige Aufgabe, die verbliebenen Teile der Organisation wieder zusammenzufügen und mit den über das ganze Land verstreuten Compañeros Kontakt aufzunehmen. Die Zeit saß uns im Nacken, denn wir mußten diese durch den Regierungswechsel entstandene winzige Öffnung nutzen und zugleich die Erwartungen Tausender unserer Brüder erfüllen, die strikt geheim organisiert waren und auf Orientierungshilfen warteten.

Unverzüglich wurden die Arbeitsstrukturen festgelegt, und das Projekt nahm seinen Anfang. Die CONACO erarbeitete einen Plan, aber unvorhergesehene Schwierigkeiten und die strikte Notwendigkeit, Sicherheitsmaßnahmen zu ergreifen, führten zu Verschiebungen und Verzögerungen. Das Land litt noch immer unter den eisernen Tritten der Militärstiefel, und obwohl die Zahl der Massaker gesunken war, hatte es mit den Entführungen und Verschleppungen noch lange kein Ende.

Mit organisatorischer Arbeit in den Kantonen und Dörfern konnte erst Anfang 1987 begonnen werden; es wurden Kurse zur politischen Bildung für Kader und Basisgruppen veranstaltet. Indem wir unsere Ideen und Erfahrungen austauschten, gelang es uns, die Angst zu brechen. Es mangelte nicht an hitzigen Debatten, entzündet an der Befürchtung, wir könnten Fehler begehen, die für die Bevölkerung katastrophale Konsequenzen nach sich ziehen würden. Vor allem brauchten wir eine umfassende Vorstellung von der Realität im ganzen Lande; die Verbindungen zu den anderen Volksbewegungen waren noch gering und mußten erst wieder neu hergestellt werden.

Die städtischen Gewerkschaften ihrerseits waren in einer Phase des Wiederaufbaus. Sie hatten im Mai 1986 – als sie mit einer großen Demonstration konkrete Antworten auf die vom neuen Präsidenten geschürten Erwartungen forderten – begonnen, die Straßen der Hauptstadt zurückzuerobern. Im Januar 1987 trafen die Föderation der Gewerkschaftlichen Einheit Guatemalas, CUSG, die Gewerkschaftsföderation der Bank- und Versicherungsangestellten, FESEBS, und die Gewerkschaftsunion der Arbeiter des Nationalen Instituts für Elektrifizierung, STINDE, ein gemeinsames Abkommen über Aktionseinheit gegen die Teuerungen.

Anläßlich des 1. Mai 1987 verbreiteten wir eine Erklärung, in der wir kritisierten, daß nach fünfzehn Monaten christdemokratischer Regierung keines der Angebote und Versprechen erfüllt worden war, daß sich darüber hinaus die wirtschaftliche Situation der Arbeiter sogar wesentlich verschlechtert und ein Niveau erreicht hatte, das niedriger war als unter den vorangegangenen Regimes. Unsere Hauptforderungen faßten wir in folgenden Punkten zusammen:

● das Recht auf Auflösung der Zivilpatrouillen, der Modelldörfer und Entwicklungszentren;

● das Recht auf Arbeit und gerechte Entlohnung; gegen die hohen Lebenshaltungskosten;

● das Recht, Land zu besitzen und darauf anzubauen, also zu produzieren;

● das Recht unserer innerhalb Guatemalas oder ins Ausland vertriebenen Brüder, in ihre Herkunftsgemeinden zurückzukehren und ihre Häuser und ihr Land wieder in Besitz zu nehmen;

● das Recht der Vertriebenen und aller eingeborenen Völker, ihre Kleidung und Sprache zu benutzen, ohne diskriminiert und verfolgt zu werden; Respektierung der Kultur und aller Werte der Indígenas;

● das Recht auf Bildung für unsere Kinder;

● das Recht auf Gesundheitszentren und preiswerte Medizin;

● das Recht, unsere Religion frei ausüben und leben zu können;

● die Rückkehr unserer entführten und verschleppten Angehörigen; Bestrafung derer, die für die Massaker und all die Zerstörung in unseren Gemeinden verantwortlich sind.

Zugleich begrüßten wir in dieser Erklärung neue Ausdrucksformen des Kampfes wie zum Beispiel *Movimiento Pro-tierras,* Bewegung für Land*, unter der Leitung des Paters Andrés Girón. Und noch einmal betonten wir, daß der Weg zur Errichtung einer Demokratie in Guatemala notwendigerweise über die Agrarreform führt. Ein anderer wichtiger Punkt, den wir dort zum erstenmal aufgriffen, war der Wunsch aller Guatemalteken nach Frieden. »Auch wenn die Mächtigen es zu leugnen versuchen«, hieß es in der Erklärung, »hat sich in unserem Land ein Krieg entwickelt, der nun schon viele Jahre andauert und in dessen Verlauf die Armee und die jeweiligen Regierungen Zehntausende von Arbeitern, Campesinos, Studenten und Christen ermordet, entführt und gefoltert haben. Wir, die Landarbeiter und viele andere Sektoren, sind der Überzeugung, daß es unmöglich ist, eine Demokratie zu errichten, ohne vorher Frieden geschaffen zu haben.«

Im Sommer unterzeichneten die Präsidenten der mittelamerikanischen Länder das Abkommen von Esquipulas II, mit dem sie sich verpflichteten, eine friedliche Lösung der diese Region geißelnden bewaffneten Konflikte anzustreben. Mit Erleichterung vernahmen wir diese Nachricht; nun waren internationale Bedingungen geschaffen worden, die ein Ende des Krieges begünstigten. Zur gleichen Zeit jedoch, da Cerezo sich mit flammenden Worten als Verfechter des Dialoges darstellte, erteilte er der Armee einen Freibrief, die bis dahin

---

* Die Bewegung für Land, mit der wir zeitweise Kontakt hatten, entstand Anfang 1986 in Nueva Concepción, im Bezirk Escuintal, dem Herzen der agro-industriellen Region an der Küste. Am 28. April organisierte Pater Girón – der Pfarrer unseres Dorfes – einen Marsch zur Hauptstadt, um durch Vermittlung des Präsidenten zu erreichen, daß wir auf Großplantagen unbewirtschaftetes Land auf Kredit kaufen konnten. Weil das Thema so existenziell wichtig war, gewann die Bewegung an Stärke, und es beteiligten sich zahlreiche Campesinos daran. Mit der Zeit jedoch verlor sie an Bedeutung, und Pater Girón ließ sich schließlich zum Abgeordneten der Christdemokratischen Partei wählen.

133

schrecklichste Offensive gegen die im Widerstand befindlichen Gemeinden zu entfesseln.

Anfang September riefen wir die Landarbeiterschaft zum Kampf für einen neuen Mindestlohn auf, und im Oktober kam es zu einem ersten Kontakt mit der neuentstandenen Gewerkschaftsbewegung. Im Dezember schlugen wir für die Fincas einen Lohn von acht Quetzales pro Tag vor, während die UAS diese Forderung auf zehn Quetzales auf dem Land und in der Stadt erweiterte.

Die Kontakte zur UAS blieben bestehen, und während der ersten Tage des Jahres 1988 schlossen wir uns ebenso wie die GAM und andere Gruppen dieser Bewegung an und gaben ihr so den Charakter einer einheitlichen Volksorganisation: UASP. Als Mitglieder dieser Allianz beteiligten wir uns am 13. und 18. Januar an zwei großen Demonstrationen, an denen 50 000 beziehungsweise 80 000 Menschen teilnahmen. Da unser Mitwirken schon vorher bekanntgegeben worden war, drohte Innenminister Rodil Peralta, die Teilnehmer, die dem CUC angehörten, festzunehmen und sie wegen des Massakers in der spanischen Botschaft anzuklagen. Diese Drohung wurde zynischerweise noch vom Präsidenten selbst unterstützt, der uns Guerilleros nannte – eine Bezichtigung, die sich wiederholen sollte –, später jedoch vom Polizeisprecher dementiert wurde. Auch dies paßte in das übliche Muster, systematisch verwirrende Nachrichten zu verbreiten. Man beabsichtigte, uns zu isolieren und die Einheit der Volksbewegung zu verhindern, indem man Angst verbreitete und Spaltungsversuche unternahm. Glücklicherweise schlug diese Operation fehl, denn wir erfuhren ein großes Maß an Solidarität und verschiedene Organisationen äußerten sich zu unseren Gunsten. Wir antworteten auf diese Vorwürfe in einem Radio-Interview und mit einer Erklärung, die von einem Gewerkschafter der CUSG auf einer Kundgebung vor dem Präsidentenpalast verlesen wurde (die Mitglieder unserer Organisation, die dort anwesend waren, zogen es aus Sicherheitsgründen vor, nicht als Redner aufzutreten). In der folgenden Zeit waren uns die Compañeros der UASP eine große Hilfe: Sie übernahmen es, falsche Beschuldigungen und Verleumdungen gegen uns zu widerlegen und unsere Erklärungen in die Medien zu bringen.

Am 8. März unterzeichnete die UASP mehrere Abkommen mit der Regierung, darunter auch eines über die Legalisierung des CUC. Für uns bedeutete dies, zumindest auf dem Papier, das Ende einer Etappe und den Beginn einer neuen. Es stand außer Zweifel, daß dieses uns nun zugestandene Existenzrecht – eine implizite Anerkennung unserer schon zehn Jahre währenden Verankerung in der Landbevölkerung – uns weder vor Entführungen bewahrte, noch vor Repressionen schützte, aber es eröffnete uns einen Raum innerhalb der Legalität, den zu nutzen wir entschlossen waren. Wir akzeptierten, forderten aber, daß das Leben unserer Aktivisten und ihrer Angehörigen respektiert werde. Wir vermieden zwar Gesten des Triumphes, die obendrein noch riskant gewesen wären, begannen aber doch, auch die Möglichkeiten, die sich uns durch häufigere öffentliche Auftritte boten, in unsere Überlegungen einzubeziehen – allerdings stets unter Wahrung unserer Sicherheitsmaßnahmen. Was die technischen Aspekte betraf, so beinhalteten die Abkommen äußerst interessante Punkte. So verpflichtete die Regierung sich unter anderem: die Gesetze über brachliegendes Land zu überarbeiten und zu aktualisieren; staatliche Grundstücke wieder zu nutzen, um Entwicklungsprogramme durchzuführen; die Gewährung von Landwirtschaftskrediten an kleine und mittlere Landwirte zu fördern – sowohl für Einzelpersonen als auch für organisierte Gruppen.

Als diese Abkommen getroffen waren, sandten wir verschiedene Delegationen in die Hauptstadt, wo sie die Medien aufsuchten und mehrere Pressekonferenzen in

Radio und Fernsehen geben konnten. Außerdem nahmen wir eine Einladung der GAM zu einer Veranstaltung über Menschenrechte an.

Dann kam der zehnte Jahrestag der Organisation, den wir zusammen mit der Gewerkschafts- und Volksbewegung begingen. Erstmals trat eine große Gruppe von Compañeros öffentlich auf; sie berichteten über die Situation auf dem Lande. In der Ausgabe von *La Voz* aus jenen Tagen hieß es: »Wir begehen einen denkwürdigen Tag: zehn Jahre Kampf, Organisation und Selbstverteidigung gegen die Vernichtung, die die Feinde des Volkes über unsere Gemeinden gebracht haben. Wir überlebten die Jahre des Genozids, wir wurden verfolgt, sie zwangen uns, uns zu verstecken, aber wir fanden Stärke in verdeckten Organisationsformen, mit dem Wissen und der Erfahrung, die über Jahrhunderte hinweg von unseren Vorfahren bewahrt worden sind. Dieses historische Erbe lebt im CUC weiter, es gibt uns Entschlossenheit und Mut. Nach zehn Jahren ist die Situation dennoch schlimmer als zuvor: Not und Hunger haben zugenommen, es gibt mehr Betrug, es fehlt an Land, die Löhne sind gesunken, unsere Rechte werden verletzt, Diskriminierung und Marginalisierung haben sich verstärkt. Aus all diesen Gründen setzen wir unseren Kampf nicht nur fort, sondern wir suchen auch andere Formen und Wege. Wir haben das Recht, eine wahrhafte Demokratie zu errichten und in Frieden zu leben.«

Etwa gleichzeitig erschien auch der Hirtenbrief der Bischöfe Guatemalas, *El clamor de la tierra.* Darin legten die Bischöfe dar, daß eben in den Problemen um das Land, *la tierra,* die Wurzel der Guatemala erschütternden Gewalt liegt. Der Brief bekräftigte unseren eigenen, so oft vertretenen Standpunkt und wurde deshalb zu einem wichtigen Propagandamittel für uns.

Bei der Demonstration zum 1. Mai traten wir erneut auf, in dieser neuen Etappe der Öffentlichkeit zum erstenmal mit unseren Transparenten und Parolen. Die Koordinierung der 500 Teilnehmer – die meisten Frauen trugen die für ihre Völker typische Kleidung – war gemeinsam mit den Gewerkschaftern der UASP durchgeführt worden. Sie übernahmen es auch, unser Propagandamaterial zu verbreiten, denn wir selbst waren noch immer mißtrauisch und traten nur mit Plakaten und Parolen auf, in denen der Name des CUC nicht vorkam. Dieses Ereignis war von großer psychologischer Bedeutung für die Stärkung der Volksbewegung: Ungeachtet all der Vorwürfe, wir seien Komplizen der Guerilla, hatte die Organisation beim Volk von Guatemala ein fast legendäres Ansehen erlangt, und nun, da wir die schwierigsten Jahre der jüngsten Geschichte überstanden hatten, waren wir wieder da: mit der kämpferischen Faust und dem solidarischen Herzen. Bei Abschluß der Demonstration standen die Gewerkschafter schon bereit, um die Compañeros zu den Lastwagen zu begleiten. Alles verlief ohne Probleme.

Es folgten Monate intensiver Arbeit und großer Hoffnungen. In verschiedenen Zonen bildeten sich Kommissionen, die unseren Standpunkt bezüglich der Landfrage zu anderen Volksorganisationen, Gewerkschaften und christlichen Gruppen weitertrugen. Wir nahmen den Kampf gegen die Zivilpatrouillen – von der Bevölkerung am häufigsten beklagt – wieder auf, wobei wir diesmal legale Mittel nutzten und mit der Verfassungswidrigkeit PAC argumentierten. Wir forderten eine Reduzierung der Arbeitsstunden pro Schicht und nahmen zugleich den Kampf gegen die Steuern auf: die Verkaufssteuer, die steuerliche Selbsteinschätzung und die hohen Lebenshaltungskosten. Auf diese Weise gelang es uns, neue Personen und Gruppen zu integrieren, wobei die Teilnahme von Frauen, darunter viele Witwen, besonders hervorzuheben ist.

Im August luden wir einen Gewerkschaftsvertreter und eine Journalistin der Zeitschrift *Crónica* zu einer internen Sitzung der CONACO ein. Es ging uns dabei vor allem um den Erfahrungsaustausch, aber auch darum, zwischen unseren Brüdern der CPR – die uns gerade besuchten – und den Medien einen Kontakt herzustellen. Wie immer trafen wir einige Sicherheitsvorkehrungen, besonders im Hinblick auf unsere Gäste. Leider veröffentlichte die Journalistin später einen sensationsträchtigen Artikel mit dem Titel *Ein Tag im Versteck des CUC,* in dem sie Gemeinplätze bezüglich der Geheimhaltung unserer Organisation wiederholte.

Mit dem Ziel, die Volksbewegung zu stärken, unterstützten wir im September die Gründung der nationalen Koordination der Witwen Guatemalas, CONAVIGUA. Ihr Kampfgeist motivierte uns sehr, und als sie den Beitritt zur UASP beantragten, wurde ihnen umgehend positiv geantwortet.

Der gemäß dem Abkommen von Esquipulas II von der Nationalen Schlichtungskommission, CNR, für September vorgesehene nationale Dialog stagnierte, und deshalb forderte die UASP nachdrücklich die Einhaltung der mittelamerikanischen Abkommen. Im Oktober veranstalteten wir eine Demonstration wegen des zweifelhaften »Tages der Rasse« am 12. Oktober – ein Vorspiel für die Aktivitäten zum sogenannten 500. Jahrestag der Entdeckung Amerikas.

Am 10. Dezember führte die UASP eine Großkundgebung durch, um gegen die Manöver zu protestieren, mit denen die URNG von den Verhandlungen ausgeschlossen werden sollte – so hatte man zum Beispiel verlangt, sie müsse zuerst die Waffen niederlegen.

Dieser auf die Regierung ausgeübte Druck, den Frieden herzustellen, und das langsame, aber sichere Wiedererstarken der Volksbewegung lösten einen neuen Zyklus staatlicher Repressionen aus, dessen Beginn vielleicht das Massaker von El Aguacate (Gerichtsbezirk von San Andrés Itzápa, Bezirk Chimaltenango) war. Dort fanden

Ende November 21 Campesinos den Tod, nachdem man sie brutal gefoltert hatte.

Mitte Januar 1989 griffen das CUC und die UASP die Lohnforderung der Campesinos auf: zehn Quetzales pro Quintal Kaffee oder Baumwolle beziehungsweise pro Tonne Zuckerrohr. Außerdem forderten wir den Achtstundentag, Essensrationen (dreimal täglich), Arbeitswerkzeuge, Bezahlung des siebten Tages und die im Arbeitsgesetz vorgeschriebenen Leistungen. Zu diesem Zeitpunkt schwankten die Löhne je nach Finca zwischen 2,00 und 4,50 Quetzales.

Da die Arbeitgeber unsere Forderungen schlicht ignorierten, legten wir am 23. Januar auf fünfzehn Fincas, darunter sieben Betriebe der Zuckerrohrverarbeitung, die Arbeit nieder. Es beteiligten sich zirka 15 000 Arbeiter. Am Dienstag, den 24. befanden sich etwa 50 000 Arbeiter auf 30 Fincas im Streik. Am 25. Januar kamen die Anti-Aufstands-Einheiten der Polizei, die Armee und die *guardias blancas;* auf brutale Weise trieben sie die Streikenden auseinander und nahmen Hunderten von ihnen die Ausweisdokumente und Werkzeuge weg. Danach wurde das Gebiet umgehend unter strikte militärische Kontrolle gestellt; man errichtete Kontrollposten auf den Straßen und Fincas und verweigerte der nationalen und internationalen Presse den Zutritt.

Am 26. Januar erhob der Innenminister erneut die alten Vorwürfe gegen uns, indem er das CUC als eine illegale Organisation ohne jeden Rechtsanspruch bezeichnete, und Alfonso Cabrera – damals Minister für Auswärtige Angelegenheiten – erklärte, wir seien von Personen der extremen Linken infiltriert; eine Anschuldigung, die in Guatemala einem Todesurteil gleichkommt. So brach die Regierung die Abkommen vom 8. März – also auch das über unsere Legalisierung – und zeigte ihr wahres Gesicht, indem sie ähnlich operierte wie die vorausgegangenen Militärregierungen.

Am 2. Februar erklärten 67 gewerkschaftliche, religiöse, akademische und Menschenrechtsorganisationen verschiedener Richtungen, daß sie sich mit dem Streik solidarisierten, und bezeichneten die in unserem Land gezahlten Löhne als »menschenunwürdig«. Am 9. Februar akzeptierte die Nationale Landwirtschaftsunion, UNAGRO, das oberste Gremium der Finqueros, schließlich den Vorschlag der UASP, Verhandlungen aufzunehmen. Von unserer Seite nahmen die Compañeros der Gewerkschaft und ein Mitglied des CUC teil. Das Ziel der UNAGRO war es jedoch nicht, eine wirkliche Auseinandersetzung zu führen, sondern die Treffen bis zum Ende der landwirtschaftlichen Exportsaison hinauszuzögern.

Angesichts der von Regierung, Finqueros und Armee unternommenen Desinformations-Kampagne veröffentlichten wir am 11. Februar eine an das guatemaltekische Volk und die internationale Öffentlichkeit gerichtete Erklärung, in der wir die ersten Schlußfolgerungen aus diesem neuen Kampf um die Durchsetzung unserer Forderungen zogen. Nach all den Jahren des erzwungenen Schweigens war die Wiederaufnahme des im Februar 1980 begonnenen Kampfes für eine würdige Entlohnung unserer Ansicht nach die Hauptsache. Unabhängig von den Ergebnissen war es von großer Bedeutung, daß wir in einem Land, das immer mehr einem Konzentrationslager glich, so viele Menschen hatten mobilisieren können. Indem sie fast alle Cuadrilleros mit Gewalt in die Zivilpatrouillen eingegliedert, das heißt unter militärische Kontrolle gestellt hatten und mit einem Terror, der an die Massaker der vorausgegangenen Jahre denken ließ, glaubten die Arbeitgeber, sich eine lange Phase der Ruhe geschaffen zu haben. Und trotzdem war es erneut zu massiven Arbeitsniederlegungen gekommen, nicht nur bei den Zuckerrohr-, Kaffee- und Baumwollpflückern, sondern auch bei den Kautschukzapfern, einem Sektor, der sich vorher eher am Rande gehalten hatte. 30 lahmgelegte Fincas und 50 000 streikende Campesinos hatten die Hoffnungen der Finqueros zerstört, diesen Lichtschimmer einfach und problemlos im Dunkel verschwinden lassen zu können. Abschließend verlangten wir in dieser Erklärung – neben den bereits erwähnten Forderungen – freien Zutritt der nationalen und internationalen Presse zu den Fincas, Rückgabe der Ausweisdokumente sowie Vernichtung der schwarzen Listen, Entmilitarisierung der Arbeitsplätze, ein Ende der Entlassungen, Rückgabe der Werkzeuge zur Landbestellung sowie Respektierung der physischen und psychischen Integrität der Arbeiter.

Unterdessen kam Bewegung in die Diskussion um die Teilnahme des CUC am nationalen Dialog. Wiederum ließ die Regierung keine Gelegenheit aus, Vorwürfe zu wiederholen, die längst von der Realität widerlegt worden waren. Ein mutiger Verteidiger unserer Organisation war dagegen Monsignore Quesada Toruño, Vorsitzender der Nationalen Schlichtungskommission, CNR, der immer wieder darauf hinwies, daß wir die Interessen des Sektors der Landarbeiter auf legitime Art und Weise vertraten und daß es keinerlei Grund gab, uns auszuschließen. Am 1. März schließlich wurde im Theater »Miguel Angel Asturias« die mit der Debatte der großen nationalen Probleme beauftragte Versammlung für eröffnet erklärt – unvollständig allerdings, denn es fehlten Schlüsselinstanzen wie der Unternehmerverband CACIF, die UNAGRO, die Armee und die URNG. Dieses Fehlen so wichtiger Gesprächspartner – von der Regierung gekonnt immer wieder ausgespielt – verurteilte den Dialog im Hinblick auf die wichtigste Frage von Anfang an zur Aussichtslosigkeit: Wie waren die bewaffneten Auseinandersetzungen und damit der dreißigjährige schmutzige Krieg zu beenden? Und doch verlieh die breite Beteiligung von bedeutenden Gruppen der zivilen Bevölkerung

– der politischen Parteien, Volksorganisationen, Gewerkschaften, religiösen Organisationen und Menschenrechtsgruppen – dieser Versammlung eine starke moralische Autorität. Das CUC wurde zusammen mit der GAM, dem Rat der ethnischen Gemeinschaften Runujel Junam, CERJ – einer kurz zuvor gegründeten Schwesterorganisation – und anderen als Mitglied der UASP offiziell zugelassen. Von großer Bedeutung war auch die Zulassung von Gruppen, die ihren Sitz im Ausland hatten wie zum Beispiel die Einheitsvertretung der Opposition Guatemalas, RUOG, oder die Kommission der Ständigen Vertretung der Flüchtlinge in Mexiko. Der Einschätzung des CUC zufolge war der Beitrag dieser Brüder zu unserer Bewegung von großer Tragweite. Ihr Hauptanliegen war es, ihre Rückkehr gemeinsam zu organisieren – und zwar so, daß jeder einzelne frei und individuell darüber entscheiden könne, ohne neue Übergriffe befürchten zu müssen. Außerdem forderten sie ihr Land zurück, das anderen Personen übergeben worden war; Garantien bezüglich der Respektierung des Lebens und der Menschenwürde sowie die Anerkennung des Rechtes auf Organisierung und Erhaltung der Gemeinschaftsinstitutionen. Schließlich lehnten sie den Verbleib von Militärkontingenten in ihren Herkunftsgebieten ab und akzeptierten lediglich zivile Behörden.

Unser eigener Beitrag war eine Analyse der guatemaltekischen Gesellschaft vom Standpunkt der Landarbeiter aus. Sie war in vier Teile gegliedert:

1. Besitz des Landes, die Frage, in der, wie wir es immer wieder betont haben, alle Probleme wurzeln;
2. Repression und militärische Kontrolle der Bevölkerung;
3. Organisations- und Versammlungsfreiheit;
4. die Rechte, die uns als Mayavölker zustehen: daß man unsere Kultur respektiert und uns ohne jeglichen Paternalismus, ohne Geringschätzung und folkloristi-

sche Manipulation zugesteht, unseren Traditionen gemäß zu leben.

Einen Schwerpunkt sahen wir in der Abschaffung der Zivilpatrouillen, in denen wir für die Auseinandersetzung zwischen Armee und Guerilla instrumentalisiert werden. Dieser Versuch, uns zu militarisieren, widerspricht unserer Situation als Zivilisten. »Der Weg zu einem Ende des bewaffneten Konflikts«, erklärten wir, »liegt nicht in der Militarisierung der unschuldigen Bevölkerung, sondern in fairen Verhandlungen zwischen den beteiligten Parteien.« In diesem Zusammenhang forderten wir auch, die Machthaber sollten aufhören, die Kundgebungen der Landarbeiter, die Feste und religiösen Veranstaltungen als Zeichen der Subversion zu betrachten: Die Verfassung der Republik selbst garantiert Organisationsfreiheit.

Trotz wiederholter Angebote seitens der URNG bestand unglücklicherweise zu jenem Zeitpunkt offensichtlich kein Bestreben nach Frieden; die Generäle blieben ihrem Glauben verhaftet, mittels immer neuer Angriffe gegen die Volksbewegung den Krieg auf militärischer Ebene gewinnen zu können. Die anhaltenden Aggressionen gegen die CPR (unter nachweislichem Einsatz von Hubschraubern des Typs Chinook, die von Nordamerikanern geflogen wurden) und die ebenso todbringenden wie unnützen Offensiven »Jahresende«, 1987, und »Festung 88« waren bestechende Beweise dafür, daß immer noch dieselbe Alternative verfolgt wurde: Vernichtung oder Eingliederung in das Schema der »Aufstandbekämpfung« durch die PAC.

Am 19. März veranstalteten wir zusammen mit der UASP eine Kundgebung in Santa Lucía Cotzumalguapa, um die Arbeiter über die Schwierigkeiten bei den Verhandlungen mit der UNAGRO zu informieren. »Wie dem auch sei«, erklärten die Redner, »die Manipulationen können nicht verhindern, daß die Landarbeiter, die immer prekäreren Lebensbedingungen ausgesetzt sind, sich ihrer Lage immer klarer bewußt werden.«

Im April begingen wir in der Stadt zum zweitenmal in Folge den Jahrestag der Gründung unseres Komitees, zusammen mit der Gewerkschafts- und Volksbewegung. Und im Mai, anläßlich des Internationalen Tages der Arbeit, verurteilten wir – ein Gradmesser für die Vitalität der Volksbewegung – die Zunahme der gegen uns, die CONAVIGUA, den CERJ und andere Organisationen derCampesinos gerichteten Drohungen. Das Regime, das sich in einer Phase rapiden Verschleißes befand, zog noch einmal die Zügel straffer.

Während des Sommers verschlechterte sich die Situation. Die Lehrerschaft nahm erneut einen mutigen Kampf auf, der das Schulsystem drei Monate lang lahmlegte. Das CUC leistete in den Kantonen und Gemeinden praktische Solidarität, indem es Eltern, die den Streik nicht billigten, die Gründe der Lehrer erklärte und den Streikenden Essen zur Verfügung stellte. Im Juli und August kam jedoch eine neue Welle der Gewalt über die GAM und die AEU; besonders letztere war betroffen. Neun Studenten (das gesamte Leitungsgremium der AEU) wurden entführt; einige von ihnen fand man später ermordet und mit Anzeichen von Folter auf. Außerdem wurden Attentate gegen humanitäre Organisationen wie zum Beispiel die Internationalen Friedensbrigaden verübt, und ein besonderes Vorkommnis war die Ermordung von Juan Baltazar Marcos, der während des nationalen Dialogs den Minderheitensektor der Flüchtlinge vertreten hatte und unter den von der Regierung gesetzten Bedingungen nach Guatemala zurückgekehrt war. Am 12. September erklärte der Erzbischof Monsignore Próspero Penados del Barrio: »Guatemala befindet sich in einem Zustand, in dem das Recht des Stärkeren gilt. Es wird nicht mehr im legalen Rahmen gehandelt, sondern man ergreift

Maßnahmen, die außerhalb jeglichen Gesetzes liegen. Dies schafft eine Atmosphäre der politischen, sozialen und wirtschaftlichen Instabilität. Die Wahrheit ist, daß wir im Begriff sind zu verbluten; wir verlieren uns in Frustration und Furcht und versinken in einer Krise, die gekennzeichnet ist von Sittenlosigkeit.«

Im September dieses Jahres kamen in der Hauptstadt Guatemalas auch Vertreter der Vertriebenen zusammen – mit dem Ziel, ihre Situation zu besprechen und eine Organisation zu gründen: den Nationalen Rat der Vertriebenen Guatemalas, CONDEG. In ihrem Gründungsdokument erklärten sie: »Wir Vertriebenen sind Hunderttausende von Guatemalteken, die aus verschiedenen Bezirken des Landes stammen und aufgrund der Gewalt und des Landraubes gezwungen waren, unsere Häuser und Dörfer zu verlassen. Seitdem leben wir in ständiger Angst und unter großen Leiden in den Randgebieten und an den zerfurchten Abhängen der Städte. Unsere Familien sind verstreut, unsere kulturelle Identität geht verloren. Für unsere Kinder gibt es weder Schule noch medizinische Versorgung. Vielen von uns ist es unmöglich, Arbeit zu finden, denn sie fordern Papiere von uns, zum Beispiel ein polizeiliches Führungszeugnis, wo wir doch noch nicht einmal über Ausweisdokumente verfügen. Wir haben sie auf der Flucht verloren.«

Nach der Beschreibung weiterer Leiden, für unsere Leser sicher leicht vorstellbar, legte der CONDEG seine Ziele dar. Die wichtigsten, alle auch in vollem Umfang vom CUC vertreten, waren:

1. das Recht auf Organisation;
2. Wiedererlangung der Identität als guatemaltekische Bürger;
3. Rückkehr in die Herkunftsgemeinden, in voller Freiheit und mit verfassungsmäßigen Rechten;

4. Wiedergewinnung der ethnischen, kulturellen und religiösen Identität;
5. Wiedererlangung der enteigneten Ländereien;
6. Erzielung humanitärer Hilfe für alle Vertriebenen durch solidarische Institutionen.

Unser Komitee begrüßte ausdrücklich das Entstehen dieser neuen Schwesterorganisation, die auch von der CNR, der CONFREGUA, der Menschenrechtskommission des Kongresses, der Evangelischen Kirchenkonferenz und anderen Institutionen anerkannt wurde.

Abgesehen von diesem positiven Ereignis befand sich die Volksbewegung im September erneut in einem Zustand relativer Lähmung. Nachdem die Studenten ermordet worden waren, führten die gewerkschaftlichen Organisationen nach Einbruch der Dunkelheit keine Versammlungen mehr durch, denn sie befürchteten neuerliche Entführungen. Einige Compañeros wurden in ihren Häusern überwacht – aus Autos heraus, in denen olivgrün gekleidete Männer saßen. Viele konnten das nicht ertragen und gingen ins Exil. Wir erfuhren, daß allein die französische Botschaft innerhalb eines Monats in 20 Fällen von Personen vermittelte, die das Land verlassen wollten.

Wir unsererseits suchten mehrere Gewerkschaften in ihren Büros auf – zum Austausch von Erfahrungen und Informationen über den Kampf gegen die Zivilpatrouillen und an der Küste. Wir bemühten uns, die Bewegung wiederzubeleben und Rückhalt für den Lohnkampf, der mit der Zuckerrohrernte erneut unmittelbar bevorstand, zu erlangen. Am 15. Oktober organisierten wir eine Kundgebung in Patulul (Bezirk Suchitépequez), bei der Vertreter von zehn Organisationen ihrer Solidarität mit den Forderungen der Campesinos Ausdruck verliehen. Wir beteiligten uns auch an der Nationalen Friedensbewegung, MUNAPAZ, einer neuen breiten Koalition, die sich aus etwa 50 Organisationen aller sozialen Sektoren gebildet hatte. Um die nicht politische, sondern rein humanitäre Ausrichtung dieser Bewegung herauszustellen, wurden die Treffen im erzbischöflichen Palast abgehalten. Aber nach dem positiven Anfang begann die Bewegung sich gegen Ende des Jahres aufzulösen, weil es Unstimmigkeiten zwischen den Beteiligten gab.

Als Teil der Aktivitäten an der Küste planten wir einen Marsch von Chimaltenango in die Hauptstadt, in Koordination mit Gewerkschafts- und Volksorganisationen wie CERJ, CONAVIGUA und GAM. Als wir am 8. Dezember 1989 die Kreuzung El Trébol erreichten, waren wir etwa 10 000 Campesinos. Die Unterstützung seitens der Gewerkschaften war hauptsächlich logistischer Art, sie verhalfen unseren Mitgliedern zu Essen und Unterkunft. Um diesen Marsch ranken sich verschiedene Anekdoten. So wurde zum Beispiel ein Compañero des CUC von El Trébol an durch die Bezirke 8, 4, 9 und 10 der Hauptstadt verfolgt. Mit Hilfe eines Gewerkschafters der UASP konnte er der Verfolgung durch zwei Autos und ein Motorrad schließlich entkommen. Ein seltsamer Zwischenfall, denn sie hätten reichlich Gelegenheit gehabt, ihn zu entführen oder an Ort und Stelle zu ermorden. Und am Ende des Marsches, während der Kundgebung im Park, kam ein Kind zur Welt: Die Mutter war zwei Tage lang mit uns marschiert.

Nach dieser Aktion intensivierten wir unsere Vorbereitungen für den Kampf an der Südküste. Wir besuchten verschiedene Organisationen, und alle boten uns ihre Unterstützung an. Aber für die Aufgabe, die Leute direkt auf den Fincas zu organisieren, waren wir zuständig: Nur wenn unsere Mobilisierung erfolgreich war, konnten diese Personen ihre Teilnahme garantieren, denn alle hatten sie sich mit einer ganzen Reihe von Schwierigkeiten und Bedrängnissen auseinanderzusetzen.

Dieser Kampf war dringend notwendig, denn die Arbeitsbedingungen hatten sich im Vergleich zum Vorjahr noch weiter verschlechtert. Der UNAGRO war es gelungen, die laufende Verhandlungsrunde zu behindern. Die Preise der lebensnotwendigen Produkte stiegen täglich, denn Ende 1989 war der Wechselkurs freigegeben worden, was eine Abwertung des Quetzal von 2,50 pro Dollar auf 3,41 zur Folge hatte. Dementsprechend stiegen die gesamten Lebenshaltungskosten. Am 8. Januar 1990 erklärte die UASP in einem Kommuniqué: »Die immer prekärer und unerträglicher werdende wirtschaftliche und familiäre Situation der Arbeiter ist ein Ergebnis der wirtschaftlichen Pläne und Entscheidungen der zuständigen Behörden, die das Volk auf unverantwortliche Weise in eine skandalöse Armut stürzen – bei gleichzeitiger Stagnation der Löhne in den meisten Bereichen.« Eine Maßnahme von besonderem Übel – weil sie sich auf alle Bereiche der Produktion auswirkte – war in den Augen der UASP die Entscheidung gewesen, die öffentlichen Dienstleistungen zu verteuern, wie zum Beispiel den städtischen und außerstädtischen Transport, Wasser, Elektrizität und Brennstoffe.

Zu jener Zeit konnten die Ausgaben für eine siebenköpfige Familie folgendermaßen berechnet werden:

	Kosten in Quetzal
Jährlicher Bedarf für sieben Personen	
Lebensmittel (365 x 13,90 Q)	5 073,50
Kleidung	569,00
Gebrauchsgegenstände für die Küche	24,00
Ausbildung	150,00
Arbeitsgerät	47,50
gesamt	5 864,00
täglich	16,06*

* 16,06 Quetzales = 4,20 Dollar

Der gesetzliche Mindestlohn dagegen war seit 1980 unverändert geblieben und lag, wie wir wissen, bei 3,20 Quetzales. Aus der folgenden Tabelle wird der Verfall des Lohnes im Verhältnis zum Dollar ersichtlich.

Entlohnung	Quetzal	Dollar
gültiger Mindestlohn 1980	3,20	3,20
gültiger Mindestlohn 1990	3,20	0,93
auf den Fincas gezahlter Lohn	2,20	0,57
geforderter Mindestlohn	10,00	2,36

Am 24. Januar 1990 legten 5000 Campesinos auf dem Weg, der von Joyabaj zur Bezirkshauptstadt Santa Cruz del Quiché führt, einen Protestmarsch von eineinhalb Kilometern zurück, um die Wirtschaftspolitik der christdemokratischen Regierung anzuprangern, die Übergriffe der Militärkommissare zu verurteilen und die Auflösung der Zivilpatrouillen zu fordern. Diese Demonstration, an der sich fast ausschließlich Indígenas beteiligten und zu der das CUC, die CONAVIGUA und der CERJ aufgerufen hatten, stellt ein historisches Ereignis dar, denn sie symbolisiert den Neubeginn des Volksprotestes auf dem Hochland. Unter anhaltendem Regen erklärten die Redner, daß ein hungerndes Volk ohne Land ein Volk ohne Frieden ist. Am folgenden Tag fand in Sololá eine weitere mächtige Kundgebung gegen die Verletzungen der Menschenrechte durch die Armee und die paramilitärischen Einheiten statt. Jeweils am Ende der Demonstrationen wurden den Bezirksgouverneuren die schriftlich fixierten Forderungskataloge der teilnehmenden Organisationen überreicht.

Die neue Arbeitsniederlegung im landwirtschaftlichen Sektor nahm am 30. Januar 1990 ihren Anfang. Es beteiligten sich ungefähr 60 000 Arbeiter von 37 Fincas in den Bezirken Suchitépequez, Retalhuleu und Escuintla. Die Forderungen glichen denen des Vorjahres, wobei der Schwerpunkt bei der Erreichung der zehn Quetzales pro Tag lag – immer noch ein Lohn, der allenfalls ausreichte, die Bedürfnisse einer guatemaltekischen Landarbeiterfamilie teilweise befriedigen zu können. In der Hauptstadt versuchte die UASP sofort, die Regierung und die UNAGRO zu Verhandlungen zu bewegen. Man informierte uns darüber, daß Tausende von Cuadrilleros sofort nach ihrer Ankunft vom Hochland durchsucht und festgenommen worden waren, während man auf einigen Fincas die Campesinos einschloß, um zu verhindern, daß sie sich an den Mobilisierungen beteiligten. Die Armee trat umgehend in Aktion und unternahm alles in ihrer Macht Stehende, um die Mobilisierung aufzuhalten. Einmal mehr wurde die Südküste militarisiert; man kesselte die Arbeiter ein und isolierte sie vom Rest der Bevölkerung. Aber trotz der Drohungen und Übergriffe wurde der Streik ein Erfolg, sowohl bezüglich der Teilnehmerzahl als auch im Hinblick auf den Grad von Organisation und Disziplin. Um ein Klima der Entspannung zu schaffen, setzten wir am 31. Januar die Arbeitsniederlegung aus und gewährten Regierung und UNAGRO eine Frist von zehn Tagen, für die Lösung der anstehenden Probleme. Seitens der Arbeitgeber bestand jedoch zu keinem Zeitpunkt die Absicht zu verhandeln; sie wollten vielmehr neuerlich Zeit gewinnen, um die durch den Streik bedrohte Erntesaison zu überstehen. Hier eine Chronik der Ereignisse: Die Antwort der Regierung ließ bis zum 9. Februar, fünf Uhr nachmittags, auf sich warten. Da forderte das Arbeitsministerium die UASP auf, einen Vertreter für die paritätische Kommission zu ernennen. Erst dann stimmten die Herren Finqueros der Aufnahme von Verhandlungen zu. Am 12. Februar fand die erste Sitzung von UASP und UNAGRO statt. Man kam überein, die Lohn-

frage und das Problem der Arbeitsbedingungen innerhalb einer Frist von zehn Tagen zu lösen. Außerdem
wurde beschlossen, die Arbeitsbedingungen direkt mit
Delegierten der Arbeitgeberschaft zu diskutieren; die
Frage des Mindestlohns hingegen sollte in einer Kommission aus Regierung, UNAGRO und UASP behandelt
werden. Umgehend wurde das erste Treffen der drei Parteien einberufen, um die Löhne in Betrieben des Agro-
Exportes und der Viehzucht zu besprechen. Ohne jegliche Erklärung jedoch blieben mehrere berufene Mitglieder dieser Kommission der Sitzung fern, und andere
zogen sich nach wenigen Minuten zurück. So machte
man sich über die Delegation der UASP lustig.

In dieser Situation wurde am 20. des Monats ein
Marsch organisiert, an dem 10 000 Menschen teilnahmen
und der in eine Kundgebung auf dem Hauptplatz mün-
dete. Dort wurde sowohl der Regierung als auch dem
Beauftragten für Menschenrechtsfragen ein Dokument
übergeben, das von 8 000 Menschen unterzeichnet war
und in dem Präsident und Parlament zum sofortigen Eingreifen aufgefordert wurden. Vom Parlament wurde ausdrücklich ein Vorgehen per Gesetzesverordnung gefordert. Unglücklicherweise brachte die gesamte Aktion den
Arbeitern keine Verbesserung; die Lebenshaltungskosten stiegen weiter, und wir entschieden uns, unsere Forderung auf fünfzehn Quetzales pro Tag oder Tarea zu
erhöhen. Aber einmal mehr konnte die UNAGRO einen
Boykott der Verhandlungen durchsetzen. Am 31. August
1990 schließlich setzte die Regierung den Lohn auf zehn
Quetzales fest – wobei die Finqueros hartnäckig darauf
bestanden, diesen nicht zu zahlen.

Wir wollen aber auch auf die bedeutenden Aktivitäten
hinweisen, die anläßlich des zehnten Jahrestages des
Opfers, das unsere Compañeros in der spanischen Botschaft gebracht hatten, durchgeführt wurden. Während
Tausende von Campesinos den Kampf, der in jenen bluti-

gen Jahren geführt worden war, erneut auf ihre Fahnen schrieben, indem sie den Streik aufnahmen, organisierte die Interationale Vertretung des CUC, RI-CUC, in Zusammenarbeit mit anderen Gruppen und Organisationen in mehreren Ländern politisch-kulturelle Veranstaltungen.

Unter all den Veranstaltungen – in Nicaragua, Spanien, den Vereinigten Staaten und der Schweiz – war die in Mexiko City die bedeutendste. Hunderte von Menschen versammelten sich im Auditorium des Kulturzentrums der Universität, wo Intellektuelle, diplomatische Vertreter und Mitglieder von Gruppen, die sich mit dem Kampf des Volkes von Guatemala solidarisierten, ihren Abscheu angesichts der Massaker bekundeten und die nicht enden wollenden Menschenrechtsverletzungen in unserem Lande anprangerten. Herausragend war der Beitrag des mexikanischen Priesters Miguel Concha. Er zeichnete den Weg nach, den die Kirche während jener für das guatemaltekische Volk so leidvollen Jahre genommen hatte. »Wir sehen ein«, sagte er, »daß das Evangelium, vor 500 Jahren hier eingeführt, den Händen und Worten der Eroberer als ein Instrument der Unterwerfung gedient hat. Die Botschaft des Evangeliums – ein Wort, das aus dem Griechischen kommt und *gute Nachricht* bedeutet – erwies sich für die eingeborenen Völker als das genaue Gegenteil. Es war eine *schlechte Nachricht,* so, wie es die Worte des Chilam Balam sagen: ›Als die so christlichen Christen kamen, mit dem wahrhaftigen Gott, war dies der Anfang unseres Elends, der Anfang der Tribute, der Anfang der Übergriffe.‹ (…) In Guatemala stehen wir – ebenso wie in der jüngsten Geschichte ganz Lateinamerikas, vor allem Mittelamerikas – vor der Neuheit, daß das Evangelium in den Händen derer, für die es in erster Linie bestimmt ist, und das sind die Armen, aufhört, ein Instrument der Unterwerfung zu sein. Es verwandelt sich vielmehr in ein Instrument der Befreiung. (…) Seit

Beginn der siebziger Jahre erleben wir in der Kirche der Armen eine außergewöhnliche Phase von *Aussaat und bester Ernte,* wie es in der Sprache der eingeborenen Campesinos heißt. (...) Wir betrachten das historische Ereignis vom 31. Januar 1980, als sich in der spanischen Botschaft das Blut von Männern und Frauen des Volkes – von Ladinos und Indígenas, Campesinos und Arbeitern, Christen und nicht Gläubigen – vermischte, als einen ersten Vorläufer jener Allianz, die sich nun in Guatemala entwickelt; als einen Vorläufer der vereinten Anstrengungen, die heute erforderlich sind, um ein Leben in Frieden zu erreichen. Das war der erste Schritt hin zur Konstituierung einer nationalen Einheit, die auf Pluralität basieren wird.« Eine Vertreterin des Vorstands der Menschenrechtskommission Guatemalas, CDHG, erklärte:»In diesem Land gibt es kein Menschenrecht, das nicht verletzt worden wäre; keine Form der Gewaltausübung war der Logik des Terrors fremd – vor allem dann nicht, wenn es um das Recht auf Leben ging. (...) Weil wir dies nicht vergessen dürfen, sind wir hier versammelt; noch einmal wollen wir feststellen, daß wir nicht aufhören, an die Verwirklichung des Traumes zu glauben: des Traumes von einem Frieden, der unauflöslich mit der Respektierung der Menschenrechte verbunden ist.« Unsere Compañera Juana Vásquez, eine Campesina vom Stamm der Quichés, erläuterte im Namen des CUC einige Bestandteile des Kampfes, den die Landarbeitersektoren im Laufe der vergangenen zehn Jahre geführt hatten. »Das Ziel des Massakers«, sagte sie, »war die Vernichtung der Volksbewegung, die sich aus den Trümmern des Erdbebens von 1976 entfaltet hatte. Nun beweisen aber die Tatsachen, daß das Regime gescheitert ist, sein Ziel nicht erreicht hat, denn das Jahrzehnt, das gerade zu Ende gegangen ist, war geprägt vom Wiedererstarken der Bewegung und von den Tagen des Kampfes auf dem Land wie in der Stadt.«

Der Rest des Jahres 1990 war dominiert von der Friedens-
problematik, dem Hauptanliegen der Bevölkerung, und
vom Dialog zwischen URNG und Regierung. Anfang
März trafen wir uns mit dem Beauftragten der Menschenrechtskommission, Ramiro de León Carpio, um unseren
Standpunkt zur Verfassungswidrigkeit der PAC und zu
den Aggressionen, die diese Patrouillen in El Quiché und
anderen Bezirken weiterhin verübten, darzulegen. Zur
selben Zeit ging seitens internationaler Foren ein wahrer
Hagel von Kritik auf Guatemala nieder; es wurde als ein
Land herausgestellt, in dem systematisch schwere Menschenrechtsverletzungen begangen werden. Entgegen
allen Erwartungen unterzeichneten die URNG und die
CNR – mit einer Bürgschaft der Regierung – am 30. März
in Oslo, Norwegen, ein Basisabkommen über den Frieden. So eröffnete sich dem Aufbau der Zukunft in Guatemala ein neuer Weg. In dem Abkommen, das allseits mit
Befriedigung aufgenommen wurde, waren einzelne Etappen festgelegt; eine Reihe von Treffen zwischen Vertretern der Aufstandsbewegung und verschiedenen zivilen
Sektoren der Gesellschaft war vorgesehen. Das Resultat
sollte eine Verhandlung auf höchster Ebene sein: zwischen der Generalkommandantur der URNG, der Regierung und der Armee.

Wir verfolgten die Anfänge dieses Prozesses mit Freude und demonstrierten unsere Begeisterung und unseren
Willen zum Frieden öffentlich. Aber eine langfristig wirksame Lösung mußte nicht nur dem Krieg Einhalt gebie-
ten, sondern auch die soziale Ungerechtigkeit abschaffen,
das Elend und die Ausbeutung, die zur bewaffneten Auseinandersetzung geführt haben. Als UASP drängten wir
den Präsidenten Cerezo, die notwendigen Schritte zur
Respektierung der Abkommen zu unternehmen und
dem Blutbad ein Ende zu setzen. Paradoxerweise jedoch
wurde die guatemaltekische Gesellschaft wenige Stunden nach Bekanntwerden der Abkommen von neuem

Terror heimgesucht: Vier Studenten wurden entführt und ermordet. In Parraxtut (Bezirk El Quiché) griffen Zivilpatrouillen den stellvertretenden Beauftragten der Menschenrechtskommission an, ganz so, als sollte daran erinnert werden, daß Guatemala weit davon entfernt war, den ersehnten Frieden zu erreichen.

Vom 23. bis zum 25. Oktober 1990 hatten wir in Metepec, Puebla, Mexiko, Gelegenheit, unserer Besorgnis über den Friedensprozeß Ausdruck zu verleihen, als – dem in Oslo festgelegten Terminplan entsprechend – eine Delegation der Gewerkschafts- und Volksbewegung mit der URNG zusammentraf. Diese Begegnung war von besonderer Bedeutung, denn außer dem CUC nahmen unter anderem auch die Schwesterorganisationen CONAVIGUA, CERJ, GAM, AEU sowie die Kommission der ständigen Vertretung der guatemaltekischen Flüchtlinge in Mexiko teil. Alle stimmten wir darin überein, daß die ungleiche Verteilung des Landes eine der Hauptursachen für den internen Krieg ist. Außerdem verurteilten wir die Tatsache, daß der in der Anfangszeit der Zivilregierung mit Schweiß, Schmerz und Blut erkämpfte politische Freiraum im Laufe der letzten Monate durch neuerliche repressive Angriffe wieder eingeschränkt worden war. In einer gemeinsamen Erklärung stellten wir fest, daß ein beständiger und dauerhafter Frieden nur durch die Veränderung jener Strukturen zu erlangen ist, die die Ungerechtigkeiten programmieren. Neben demokratischen Parteien und rechtmäßigen Wahlen müssen vor allem Bedingungen geschaffen werden, die es ermöglichen, die Situation der Bevölkerung umfassend zu verändern. Alle repressiven Einrichtungen und Gesetze, die den Frieden verhindern, die menschliche Würde verletzen, das Leben bedrohen und eine umfassende Entwicklung, das Glück und die kreative Entfaltung aufhalten, müssen abgeschafft werden. Es werden neue Institutionen gebraucht, die die Interessen des Volkes vertreten, und es müssen Maßnahmen getroffen werden, die den Fortschritt ermöglichen. »Wir brauchen«, hieß es in der Erklärung weiter, »einen nationalen Konsens, über den die Interessen definiert werden können, einen Konsens, der der Erfüllung der jahrhundertelang übergangenen Sehnsüchte des Volkes den Weg ebnet.« So legte die *Erklärung von Metepec* für den Kampf, den wir in den nächsten Jahren führen werden, die zentralen Themen sowie einen Rahmen von lang- und mittelfristigen Zielen fest. Wir wissen, daß der Konsens, von dem dort die Rede ist, nur in einem schrittweisen, langsamen und widersprüchlichen Prozeß mit Siegen und Rückschlägen zu erreichen sein wird. Wir wissen auch, daß ein Staat, der jegliche Art des Widerstandes bekämpft, nicht allein durch Aufrufe beseitigt werden kann. Aber nach so viel Gewalt eröffnet dieser Vorschlag zumindest einen Weg, der es wert ist, erprobt zu werden.

Während wir noch dabei waren, die Wirksamkeit jenes historischen Dokumentes zu erwägen und zu analysieren, wurde das Land bedauernswerterweise durch eine neuerliche Bluttat erschüttert, mit der die scheidende christdemokratische Regierung sich selbst als niederträchtig abstempelte. Am 1. Dezember, einem Samstag, gegen 22 Uhr, versuchten Militärkräfte einen Bewohner von Atitlán, einem Tzutujilen-Dorf am Ufer des gleichnamigen Sees, zu entführen. Doch die in hohem Maße bewußten Bewohner des Dorfes verhinderten, daß dieses Verbrechen in die Tat umgesetzt werden konnte. Umgehend zogen der Bürgermeister des Ortes, sein Amtsnachfolger und 5 000 Bewohner zur Militärbasis, um eine Erklärung zu fordern. Sie gingen in einem friedlichen Demonstrationszug und trugen symbolisch weiße Fahnen.

Als sie sich näherten, um mit den Militärchefs zu sprechen, wurden sie von Maschinengewehrsalven empfangen: Das Ergebnis waren vierzehn Tote und zwanzig Verletzte.

Trotz lächerlicher Rechtfertigungsversuche – der damalige Verteidigungsminister, General Juan Bolaños, sprach von »einem bedauerlichen Irrtum« – gibt es nur eine zulässige Interpretation dieses Massakers: Die Regierung war fest entschlossen, die wachsende Unzufriedenheit der Bevölkerung durch den Einsatz altbekannter Mittel aufzuhalten, durch Terror. Davon kann man ausgehen, denn in Guatemala wird aufgrund der strikten Zentralisierung jegliche Entscheidung über einen Schieß- oder Kampfbefehl per Rücksprache mit dem Oberkommando getroffen. Genau so war auch über die Massaker von Panzós, in der spanischen Botschaft und all die anderen entschieden worden.

Wie die örtliche Bevölkerung erklärte, war auch dieses Verbrechen kein Einzelfall, denn die Gemeinde war wegen ihres starken Kampfgeistes schon seit 1979 militärisch besetzt. Innerhalb von zehn Jahren waren mindestens 500 Bewohner Atitláns getötet worden oder verschwunden, ganz zu schweigen von den Tausenden, die in die Hauptstadt oder ins Exil vertrieben worden waren. Der Beauftragte der Menschenrechtskommission, Ramiro de León Carpio, nannte dieses Ereignis den Höhepunkt eines seit Jahren andauernden Amtsmißbrauchs: der Einschüchterung, der Repression, der Kontrollmaßnahmen über die Bevölkerung, der außergerichtlichen Hinrichtungen, der gewaltsamen Vertreibung von Personen.

Trotz all ihres Leidens ließen sich die Bewohner von Atitlán nicht einschüchtern; in kürzester Zeit sammelten sie 15 000 Unterschriften, um den Rückzug des Militärkontingents zu fordern. Am Tag der Beerdigung stieg die Zahl der Unterschriften auf 20 000. Am Mittwoch, den 5. Dezember wurde die Angelegenheit im Parlament debattiert. Am Freitag beugte sich Präsident Cerezo dem Schrei des Volkes sowie dem internationalen Druck und ordnete den Rückzug des Militärkontingents von Santiago »innerhalb einer Frist von zwei Wochen« an. Ein bitterer Sieg für die Bewohner von Atitlán.

Fünfhundert Jahre Widerstand der Indígenas und des Volkes

Unser Bericht wäre nicht vollständig, bliebe die Beteiligung des CUC an der Kampagne *Fünfhundert Jahre Widerstand der Indígenas und des Volkes* unerwähnt. Die Initiative entstand 1987 in Quito, Ecuador, wo eine Arbeitstagung von Organisationen der Indígenas und Campesinos stattfand. Zunächst bestand das Ziel darin, Meinungen über die imperialistischen Interventionen, die Auslandsverschuldung, die Situation der Frau und die Theorie der nationalen Sicherheit auszutauschen und zu diskutieren. Dabei wurde deutlich, daß wir diesen Erfahrungsaustausch in viel größerem Maße brauchten, und so wurde eine weitere Veranstaltung geplant. Diesmal wurde der Aufruf auf ganz Lateinamerika ausgedehnt. Dieses zweite Zusammentreffen fand vom 7. bis zum 12. Oktober 1989 unter dem Namen *Lateinamerikanisches Treffen von Organisationen der Indígenas und Campesinos* in Bogotá, Kolumbien, statt. 72 Delegationen aus 21 Ländern nahmen daran teil.

In Bogotá wurde die inhaltliche Orientierung korrigiert; nun lautete das Thema 500 Jahre Invasion auf unserem Kontinent, wobei die Arbeit auf verschiedene Kommissionen verteilt wurde: *Vorherrschaft und Ausbeutung; 500 Jahre Kampf um Land; Kultur und Selbstentdeckung; Frau und Selbstentdeckung.* Außerdem griffen die teilnehmenden Organisationen den Vorschlag auf, sich im Zusammenhang mit dem übergreifenden Thema bei den verschiedenen Sektoren eines jeden Landes zu informieren. Dabei wurde die ethnische und kulturelle Verschiedenheit unserer Völker beachtet, aber es wurde gleichzeitig betont, wie wichtig es war zusammenzuarbeiten. Unsere Bemühungen richteten sich hauptsächlich darauf, den Feierlichkeiten zum 500. Jahrestag, wie sie von den Regierungen Europas, der Vereinigten Staaten, Lateinamerikas und vom Vatikan angekündigt worden waren, etwas entgegenzusetzen. Der Zweck, der mit dieser von offizieller Seite geplanten Initiative verfolgt wurde, liegt auf der Hand: 1992 sollte der Name Europas von der historischen Verantwortung für die Invasion, den Genozid und die Zerstörung der Kulturen des amerikanischen Kontinents reingewaschen werden. Wir Indígenas von *heute* jedoch können die Zerstörung und Unterwerfung unserer Vorfahren nicht feiern, genauso wenig, wie wir die europäische Invasion als ein Zusammentreffen zweier Welten betrachten können.

Für Guatemala beteiligen sich Vertreter des CUC, der CONAVIGUA und der CONDEG an dieser Arbeit. Für uns besteht das große Ziel dieser kontinentalen Bewegung darin, die Entwicklung eines alternativen politischen Konzeptes voranzubringen; eines Konzeptes, das mit den Erwartungen des eingeborenen Volkes übereinstimmen und dessen Geschichte berücksichtigen muß. Darüber hinaus ist es unsere Aufgabe, eine Einheit nicht nur zwischen den Organisationen der Indígenas herzustellen, sondern auch mit Gruppen der schwarzen Rasse, der Ladinos, Studenten, Arbeiter und anderen Organisationen, die es für wichtig halten, diese 500 Jahre Geschichte zu reflektieren. Damit beschränken wir uns nicht auf die Ablehnung der offiziellen Feierlichkeiten im Jahre 1992, sondern tragen auch unserer Vergangenheit, unserer Gegenwart und vor allem unserer Zukunft Rechnung. Unser Ziel ist es, daß diese Koordinationsinstanz, die bereits auf kontinentaler Ebene existiert, über das Jahr 1992 hinaus bestehen bleibt. Es geht also nicht darum, sich gegen die europäischen Länder zu stellen, sondern vielmehr darum, nach der Klarstellung der historischen Wahrheit soziale Gerechtigkeit und eine Entwicklung zugunsten jener zu erreichen, die durch 500 Jahre der Unterdrückung ausgebeutet, getreten und gedemütigt worden sind.

Ein wichtiger Aspekt dieser Initiative ist es, daß wir seit dem Treffen in Bogotá immer deutlicher sehen, wie sehr unsere eigenen Probleme denen der anderen Nationen entsprechen. So kam die Kommission *500 Jahre Kampf um Land* beispielsweise zu Schlußfolgerungen, die allesamt auf die Situation in Guatemala anwendbar sind:

»Während dieser 500 Jahre wurden wir durch Spanier, Portugiesen, Engländer und Franzosen unterworfen. In der gegenwärtigen Phase setzt der nordamerikanische Imperialismus, der mit der kreolischen Oligarchie verbunden ist, Reformen durch, die das kapitalistische System zwar verändern, die wirtschaftliche und soziale Situation der Campesinos und der eingeborenen Nationalitäten aber belassen, wie sie ist. Unbedingt muß darauf hingewiesen werden, daß das, was in einigen Ländern auf diesem Gebiet erreicht worden ist, Ergebnis der Einheit und des unerschrockenen Kampfes ist und nicht etwa durch Zugeständnisse von oben zustande kam. Ganz im Gegenteil: Der Kampf um eine gerechte Verteilung des Reichtums ist unnachgiebig unterdrückt worden. Heute noch befindet sich das Land in den Händen der Agrar-, Handels- und Finanzbourgeoisie, der Großgrundbesitzer und der großen, hauptsächlich nordamerikanischen oder multinationalen Konzerne. Letztere fahren fort, unsere Ressourcen zu plündern, die dauerhaften, aber auch die unwiederbringlichen wie Gold, Silber, Erdöl und andere mehr. Das hat wirtschaftliche, soziale, politische und ökologische Konsequenzen, die das Fortbestehen des Lebens auf der Welt bedrohen. Angesichts dieser Situation bekräftigen wir unsere Verpflichtung, die

Einheit der lateinamerikanischen Völker zu stärken und für eine wirkliche und umfassende Agrarreform zu kämpfen. wir lehnen die von den internationalen Unternehmen favorisierte Landwirtschaft ab, die giftige Chemie, die der Gesundheit des Planeten und der Autonomie unserer Gemeinden so viel Schaden zufügt. Wir kämpfen für die Entwicklung einer alternativen, vielfältigen Wirtschaft; ihre Grundlage soll eine den organisatorischen Formen der eingeborenen Campesinos entsprechende Kollektivierung sein. Die Politik der vereinzelten Integrationsmaßnahmen durch Regierungsorgane ist nicht ausreichend. Es bedarf einer umfassenden und grundlegenden Umwandlung des Staates und der Gesellschaft, das heißt der Schaffung einer neuen Nation.« Für diese Ideen kämpft das CUC seit mehr als zehn Jahren.

Folgendes wurde bei dem Treffen in Bogotá vereinbart:
1. Durchführung der Kampagne *Fünfhundert Jahre Widerstand der Indígenas und des Volkes;*
2. Bildung von fünf Regionen, Organisationseinheiten, um die Kampagne voranzutreiben;
3. Konstituierung der Kontinentalen Kommission zur Begleitung der Kampagne, zusammengesetzt aus Delegierten der Regionen;
4. Einrichtung eines *Aktions-Sekretariats* auf kontinentaler Ebene, als Zentrale für den Informationsaustausch zwischen den regionalen Koordinatoren und Vertretern aus Ländern anderer Kontinente; diese Instanz erarbeitete eine für die Bevölkerung gedachte Broschüre über die Kampagne sowie das Informationsbulletin; außerdem beruft sie Zusammentreffen ein;
5. die regionalen Koordinatoren übernehmen es, die Kampagne auf nationaler Ebene voranzutreiben und zu organisieren, indem sie in den einzelnen Ländern Nationale Komitees bilden.

Die fünf Regionen sind:

- Norden: Mexiko (Koordinator), USA, Kanada;
- Mittelamerika: Guatemala (Koordinator), Panama, Nicaragua, El Salvador, Belice, Honduras, Costa Rica;
- Anden: Ecuador (Koordinator), Peru, Bolivien, Venezuela, Kolumbien;
- Cono Sur (südliche Spitze Südamerikas): Brasilien (Koordinator), Argentinien, Chile, Paraguay, Uruguay;
- Karibik: Kuba (Koordinator), Dominikanische Republik, Haiti, Puerto Rico.

Und neben all den geplanten Aktionen nahmen wir uns schließlich vor, den 12. Oktober in einen Tag der Würde und des Widerstandes der Indígenas und Campesinos zu verwandeln, in einen Tag der Ablehnung der imperialistischen Aggression.

In der Folge von Bogotá gab es eine Reihe von Treffen auf kontinentaler, nationaler und regionaler Ebene, bei denen das abgesprochene Programm eingeführt wurde. Jedes einzelne dieser Treffen war wichtig, denn wir brachten damit nicht nur die Organisierung der Kampagne auf den Weg, sondern gaben zugleich den Delegierten aus den verschiedenen Ländern Gelegenheit zu umfangreichem Erfahrungsaustausch. Im Laufe der Treffen wurden Dokumente erarbeitet, die als Grundlage für Propaganda-Aktivitäten dienen sollten. In Quito, wo wir uns vom 17. bis zum 21. Juli 1990 noch einmal trafen, erklärten wir unter anderem folgendes:

»Wir Indios von Amerika haben unseren Kampf gegen die Unterdrückung, Diskriminierung und Ausbeutung, die uns mit der europäischen Invasion aufgezwungen wurden, nie aufgegeben. Wir sind uns jetzt voll und ganz der Tatsache bewußt, daß unsere endgültige Befreiung nur unsere uneingeschränkte Selbstbestimmung sein kann. Ohne eine Selbstverwaltung der Indios und ohne daß wir die Kontrolle über unsere Territorien erhalten, wird es keine Autonomie geben. Dieses Ziel zu erreichen ist die Hauptaufgabe der Indiovölker. Aus unserer Erfahrung haben wir jedoch gelernt, daß unsere Probleme in vielen Punkten sich nicht von denen anderer Volkssektoren unterscheiden. Deshalb sind wir der Überzeugung, daß wir gemeinsam mit den Campesinos, den Arbeitern, den marginalisierten Sektoren und den Intellektuellen, die sich für unsere Sache engagieren, vorgehen müssen, wenn wir das herrschende und unterdrückerische System diskutieren und eine pluralistische, demokratische und menschliche Gesellschaft aufbauen wollen, in der der Frieden gesichert ist.«

Darüber hinaus wurde ein zweites kontinentales Treffen für 1991 in Guatemala vereinbart. Dieses große Ereignis und die Verantwortung, die man unserem Land schon als Regionalkoordinator übertragen hatte, veranlaßten uns, unsere Anstrengungen zu vervielfachen, um all diesen Verpflichtungen nachkommen zu können.

Zusammen mit anderen Organisationen, die sich der Kampagne anschlossen, bildeten wir die Koordination der Mayas, *Majawil Q'ij* – was in der Sprache der Mam »Neuer Tagesanbruch« bedeutet –, in der Vertreter der verschiedenen Stämme zusammenarbeiten. Am 12. Oktober 1990 versammelten wir mehr als 4 000 Indígenas in Iximché, der einstigen Hauptstadt der Cakchiquelen. An diesem Ort hatten wir uns vor mehr als zehn Jahren schon einmal versammelt, um vor den Augen der Welt die Schrecken der Militärdiktatur anzuklagen. Wir leben in einem Land, in dem die Indígenas mit ihrer langen Geschichte von Genozid, Zerstörung und Vergessenheit in der Mehrheit sind, und wir haben uns entschieden, nicht nur das Leid zu teilen, sondern auch die Freude. Zu dem Treffen kamen 300 Mayapriester – sie sind sehr angesehen, denn in ihnen vereinigen sich Wissen, Erfahrung und Autorität –, um ihre Akzeptanz für unseren Kampf zu bekunden; gemeinsam forderten wir unsere Traditionen und unsere Kultur ein. Wir tanzten, feierten Santo Tomás (den Schutzheiligen von Chichicastenango) und veranstalteten ein Feuerwerk, indem wir Cuxa in die Kerzenflammen spritzten. Überall entstanden Gespräche, über die Religion und über die Situation im Lande. Es war eine Manifestation unseres Stolzes, Indígenas zu sein.

Anschließend organisierten wir zwei nationale Treffen, um die einzelnen Schritte der Kampagne zu planen und andere Sektoren für die Teilnahme zu gewinnen. Mit großer Freude teilen wir an dieser Stelle mit, daß Guatemala – vielleicht weil es so lange Kampferfahrung hat oder weil die Indígenas hier so hervorragend organisiert sind – als Sitz des zweiten kontinentalen Treffens bestätigt worden ist.

Während der nationalen Treffen mit verschiedenen Organisationen beschlossen wir, uns nicht ausschließlich mit der ethnischen Frage zu befassen, und nannten die Kampagne, im Rahmen des kontinentalen Konzeptes, Nationale Bewegung 500 Jahre Widerstand der Indígenas und des *Volkes*.

Der Weg ist also geebnet. Unsere organisierten, einzigartigen, kämpferischen Völker setzen sich dafür ein, daß bald der Tag anbricht und ein würdiges Leben in Frieden und Gerechtigkeit seinen Anfang nimmt. Für einen Frieden, der verloren war und für den wir seit 500 Jahren kämpfen:

Auf daß es Tag werde, daß die Morgenröte komme;
wir wollen, daß man uns zuhört,
daß man die Stimme unserer Völker vernimmt.

Statt eines Schlußwortes:
Eine Geschichte, die noch nicht zu Ende ist

Es ist einfach, die Bilanz unserer Erfahrungen zu ziehen. Der erste Gedanke ist, daß in Guatemala jeder Vorstoß in Richtung Befreiung und soziale Gerechtigkeit nach Jahrhunderten des Kolonialismus noch immer an einem System scheitert, das jegliche Veränderung ablehnt.

Das CUC entstand aus der Hitze der Kämpfe in den siebziger Jahren. Es war eine gesetzlich nicht anerkannte Organisation, aber es ist in hohem Maße repräsentativ und legitimiert dadurch, daß es die Campesinos und Indígenas vertritt. Es macht von den universellen Rechten aller Guatemalteken – so, wie sie in der Verfassung des Landes festgeschrieben sind – Gebrauch und steht in enger Verbindung mit der Volksbewegung.

Von Anfang an forderten wir die Respektierung unserer ethnischen Herkunft ein und verpflichteten uns, die Interessen der in Vergessenheit geratenen Mehrheit des Landes zu vertreten. Seit sie existiert, sind wir Teil der Koordination der Mayas – *Majawil Q'ij,* Neuer Tagesanbruch –, und auf internationaler Ebene sind wir Mitglieder des Führungsgremiums im *Consejo Internacional de Tratados Indios,* CITI.

Aber wir haben auch immer eine solide Verbindung mit den Ladinos angestrebt – durch eigene Aktivitäten, durch Kontakte zu den Gewerkschaften der Arbeiter und durch breite Koalitionen wie das CNUS, die FDCR und, in neuerer Zeit, die UASP.

Die Aufgabe, die sich jetzt stellt, liegt auf nationaler Ebene. Zusammen mit anderen Sektoren der guatemaltekischen Gesellschaft suchen wir auf verschiedenen Wegen den nationalen Konsens. Auf seiner Grundlage werden wir den aktuellen, jeden Widerstand bekämpfenden Staat auflösen, um an seiner Stelle die Fundamente neuer Institutionen zu legen, die Frieden und Gerechtigkeit für alle sichern. Dafür kämpfen wir, und dafür erneut unser Blut zu geben sind wir bereit.

Die kommenden Jahre werden neue Aufgaben, neue Kämpfe mit sich bringen. Wir sehen die Zeichen und das Licht neuer Tage.

Verzeichnis der Abkürzungen

AEU	Asociación de Estudiantes Universitarios Studentenbund
BANDESA	Banco de Desarrollo Entwicklungsbank
CACIF	Comité coordinador de Asociaciones agrícolas, Comerciales, Industriales y Financieras Unternehmerverband Guatemalas
CDHG	Comisión de Derechos Humanos de Guatemala Menschenrechtskommission Guatemalas
CDP	Comité de Pobladores Revolucionarios Komitee der revolutionären Siedler
CEG	Conferencia Episcopal de Guatemala Bischofskonferenz Guatemalas
CERJ	Consejo de Comunidades Etnicas Runujel Junan Rat der ethnischen Gemeinschaften Runujel Junan
CGUP	Comité Guatemalteco de Unidad Patriótica Patriotisches Einheitskomitee Guatemalas
CITI	Consejo Internacional de Tratados Indios Internationaler Rat für Abkommen der Indios
CNCG	Confederación Nacional Campesina de Guatemala Nationale Landarbeiterföderation Guatemalas
CNR	Comisión Nacional de Reconciliación Nationale Schlichtungskommission
CNT	Confederación Nacional de Trabajadores Nationale Arbeiterföderation
CNUS	Comité Nacional de Unidad Sindical Nationales Einheitskomitee der Gewerk- schaften

CONACO	Comisión Nacional Coordinadora
	Nationale Koordinierungskommission
CONAVIGUA	Coordinadora Nacional de Viudas de Guatemala
	Nationale Koordinierung der Witwen Guatemalas
CONDEG	Consejo Nacional de Desplazados de Guatemala
	Nationalrat der Vertriebenen Guatemalas
CONFREGUA	Confederación de los Religosos de Guatemala
	Föderation der Geistlichen Guatemalas
CpJR	Comité pro Justicia y Paz
	Komitee für Gerechtigkeit und Frieden
CPR	Comunidades de Población en Resistencia
	Siedlergemeinden im Widerstand
CUC	Comité de Unidad Campesina
	Komitee der Landarbeitervereinigung
CUSG	Confederación de Unidad Sindical de Guatemala
	Föderation der gewerkschaftlichen Einheit Guatemalas
DC	Democracia Cristiana
	Christdemokratische Partei
FASGUA	Federación de Acción Sindical de Guatemala
	Gewerkschaftliches Aktionsbündnis Guatemalas
FDCR	Frente Democrático Contra la Represión
	Demokratische Front gegen die Repression
FECOAS	Federación de Campesinos y Obreros Agropecuarios Salvadoreños
	Landarbeiterföderation (El Salvador)
FERG	Frente Estudiantil Robín García
	Studentenfront Robín García
FESEBS	Federación Sindical de Empleados Bancarios y de Seguros
	Gewerkschaftsförderation der Bank- und Versicherungsangestellten

FMLM	Frente Farabundo Martí para la Liberación Nacional Nationale Befreiungsfront Farabundo Martí (El Salvador)
FP 31	Frente Popular 31 de enero Volksfront 31. Januar
FSLN	Frente Sandinista de Liberación Nacional Sandinistische Befreiungsorganisation (Nicaragua)
FTG	Federación de Trabajadores de Guatemala Arbeiterföderation Guatemalas
FUNDAPI	Fundación de Apoyo al Pueblo Indígena Stiftung zur Unterstützung des eingeborenen Volkes
FUR	Frente Unido de la Revolución Revolutionäre Einheitsfront
GAM	Grupo de Apoyo Mutuo Gruppe für gegenseitige Unterstützung
IGE	Iglesia Guatemalteca en el Exilio Kirche Guatemalas im Exil
INAFOR	Instituto Nacional Forestal Nationales Institut für Forstwirtschaft
INDE	Instituto Nacional de Electrificación Nationales Institut für Elektrifizierung
INTA	Instituto Nacional de Transformación Agraria Nationales Institut für landwirtschaftliche Umgestaltung
MUNAPAZ	Movimiento de Unidad Nacional por la Paz Nationale Friedensbewegung
NOR	Núcleos Obreros Revolucionarios Revolutionäre Arbeiterzellen
PAC	Patrullas de Autodefensa Civil Zivilpatrouillen zur Selbstverteidigung
PMA	Policía Militar Ambulante Militärische Bereitschaftspolizei
RI-CUC	Representación Internacional del CUC Internationale Vertretung des CUC

RUOG	Representación Unitaria de la Oposición Guatemalteca Einheitsvertretung der Opposition Guatemalas
STINDE	Unión Sindical de Trabajadores del INDE Gewerkschaftsunion der Arbeiter des Nationalen Instituts für Elektrifizierung
UAS	Unidad de Acción Sindical Gewerkschaftliche Aktionseinheit
UASP	Unidad de Acción Sindical Popular Aktionseinheit der Gewerkschaften und des Volkes
UNAGRO	Unión Nacional Agropecuaria Nationale Landwirtschaftsunion
URNG	Unidad Revolucionaria Nacional Guatemalteca Nationale Revolutionseinheit Guatemalas

Glossar

Acción Católica	Katholische Aktion
Acción Cívica	Zivile Aktion: Programme des Militärs, die der Bevölkerung eine gewisse Entwicklung auf Gebieten wie Gesundheitswesen, Erziehung u. ä. gewährten, sie aber zugleich totaler Kontrolle unterwarfen und in Abhängigkeit hielten
Altiplano	Hochland
Asistencia para Areas Conflictivas	Hilfe für konfliktreiche Gebiete
Atxaga, Bernardo	baskischer Schriftsteller; schreibt in Euskera; erhielt 1991 den spanischen Nationalpreis für Literatur (damit erstmals an einen baskischen Autor verliehen)
Bocacosta	Nordwestküste Guatemalas
Cakchiquelen	Mayastamm
Campesino/a	Kleinbauer, Landarbeiter/in
Ceiba	Kapokbaum, Wollbaumgewächs
Centros	Zentren
Chapines	Begriff, mit dem Guatemalteken sich selbst bezeichnen
Chicote	kurze Peitsche
Chilam Balam	Chroniken und Gesetzessammlungen der Mayas
Chilicayote	kürbisähnliche Frucht
Compañero/a	Kamerad/in, Freund/in
Conquista	Eroberung; Unterwerfung Mittel- und Südamerikas durch die Spanier
Cuadrillero/a	Angehörige/r einer Mannschaft, eines Teams
Cuarto Pueblo	Viertes Dorf
Cuxa	selbstgebrannter Obstler

173

De Sol a Sol	Von früh bis spät
Día de la cruz	Tag des Kreuzes
El clamor de la tierra	Klage/Schrei der Erde
El Gráfico	Das Bild, Die Übersicht
Euskadi	Baskenland
Euskera	baskische Sprache
Finca	großes Landgut, Plantage
Finquero	Großgrundbesitzer
Franja Transversal del Norte	nördliche Querzone Guatemalas, zwischen den Bezirken Izabál und Huehuetenango
Frijol	schwarze Bohnen
Fusiles	Gewehre
Guardia de Hacienda	Polizeieinheit auf dem Lande
Guardia Forestal	Polizeieinheit auf dem Lande
Guardias blancas	weiße Garden; Todesschwadrone des Militärs
Güicoyes	Gemüse
Güilpil	bunt bestickte Bluse
Güisquiles	birnenähnliches, wasserhaltiges Gemüse
Huipil	siehe Güilpil
Iglesia del Verbo	Kirche des Wortes; dogmatische Sekte
Indígenas	Eingeborene; ethnische Bezeichnung für Indios
Ixilas	Mayastamm
Jutes	kleine, eßbare, schneckenähnliche Tierchen
Kaibiles	Spezialeinheiten des Militärs
Kanjobalen	Mayastamm
Kekchíes	Mayastamm
Kreolen	Nachkommen europäischer Einwanderer im spanischsprachigen Amerika
La Voz	Die Stimme
La Voz de los Estados Unidos	Stimme der Vereinigten Staaten

Ladinos	mittelamerikanische Bezeichnung für Mestizen halb spanischer, halb indianischer Abstammung
Laugerud, Kjell	General; Staatspräsident Guatemalas 1974–1978
Libra	1 Libra = 0,44 kg
Ligas Campesinas	Landarbeiterbündnisse
Lima	süßliche Zitronenart
Luz y Fuerzo	Licht und Kraft
Machete	Buschmesser
Malanga	der Süßkartoffel ähnliche Frucht
Malpighiazeen	regionales Lianengewächs mit reicher Blüte
Mames	Mayastamm
Mapache	Bergkatze
Marimba	afrikanisches Xylophon
Nixtamal	in Wasser und Kalklösung halbgegarter Mais; Basis für die Tortillas
Noticias de Guatemala	Nachrichten aus Guatemala
Ocote	südamerikanische Pinienart; Späne des sehr harzhaltigen Holzes werden zum Leuchten benutzt
Orejas	Ohren
Partido Revolucionario	Revolutionäre Partei
Patrocinio	Bruder von Rigoberta Menchú
Petaxte	Moosflechte
Pistolero	bewaffneter, im Dienste des Finqueros stehender Aufseher
Pocomchíes	Mayastamm
Pom	Weihrauch
Pop Wuj	siehe Popol Vuh
Popol Vuh	»Buch des Rates«; heiliges Buch mit Mythen und der Geschichte der Quichés Guatemalas

Quetzal	guatemaltekische Währung
Quiché	Sprache der Quichés
Quichés	Mayastamm
Quintal	1 Quintal = 44 kg
Ranchero/a	auf der Finca ansässige/r Landarbeiter/in
Resurreción	Auferstehung
Romeo Lucas García	Staatspräsident Guatemalas 1978–1982
Sapotillen	Breiäpfel
Saraguate	Brüllaffe
Sensonetle	Singvogelart
SWAT	Spezialeinheiten der Polizei; etwa »Schnelle Eingreiftruppe«
Tamales/Tamalitos	Gericht aus Mais und Fleisch, in Bananenblätter gewickelt
Tarea	1 Tarea = 21,12 kg
Techo	Dach
Tercer Pueblo	Drittes Dorf
Tortilla	Maisfladen
Trabajo	Arbeit
Triángulo Ixil	Dreieck von Ixil
Tribunal permanente de los Pueblos	Ständiges Tribunal der Völker
Tribunales de Fuero Especial	Sondergerichte
Tzutujilen	Mayastamm
United Fruit Company	US-amerikanisches Großunternehmen, gegründet 1899; seit Beginn des 20. Jahrhunderts in großen Landesteilen Guatemalas (Südküste) aktiv; nahm starken Einfluß auf die politischen Verhältnisse des Landes
Unze	1 Unze = 28,35 g
Víctor	Bruder von Rigoberta Menchú
Voluntario/a	Freiwillige/r